상담자가 건네는 말

상담자가 건네는 말

초판 1쇄 발행 2020년 10월 10일
초판 4쇄 발행 2023년 3월 25일

지은이 하혜숙
펴낸이 고성환
펴낸곳 (사)한국방송통신대학교출판문화원
   (03088) 서울시 종로구 이화장길 54
   전화 1644-1232
   팩스 02-741-4570
   홈페이지 http://press.knou.ac.kr
   출판등록 1982년 6월 7일 제1-491호

출판위원장 이기재
편집 신경진·김경민
디자인 김민정
본문 일러스트레이션 황보 경

ⓒ 하혜숙, 2020

ISBN 978-89-20-03825-9 (03180)
값 15,000원

상담자가 ──────── 건네는 말

하
혜
숙
　
지
음

에피스테메
EPISTEME

대학원 재학 시절, 전공이 뭐냐는 질문에 "상담전공이요"라고 답을 했을 때 되돌아왔던 대부분의 반응은 "그런 전공도 있냐?"였다. 하지만 요즘은 많은 사람들이 소위 '상담'이 무엇인지 알고 있고 관심을 가지고 상담 공부를 하고 싶어 한다. 정말이지 큰 변화이다. 학생들에게 상담 강의를 하거나 외부 특강을 하고 나면 쉽게 읽을 만한 상담 책이 있느냐는 질문을 자주 받곤 했다. 그래서 막상 상담 책을 소개하려고 하면 어려운 전공 서적들이 대부분이어서 난감함을 느꼈고, 누구나 편안하게 상담을 알 수 있는 좀 가벼운 상담 책이 있으면 좋겠다는 생각을 했다.

《상담자가 건네는 말》은 그렇게 시작되었다. 누구나 휴가 가면서 여행 가방에 무심코 넣어가서 틈날 때 한 장씩

읽을 수 있는 책이 되면 좋겠다. 최근 우리는 힐링과 치유에 관심이 높아졌고 쉼에 대한 욕구를 충족하기 원한다. 하지만 몸이 쉰다고 해서 회복이 되는 게 아니라는 것을 절감하기도 한다. 진정한 쉼은 몸과 함께 마음도 쉬어야 가능하다. 그러니까 몸이 휴가를 떠날 때 마음도 휴가를 보내야 한다. 사실 이 책의 부제목을 '마음 휴가 보내기'라고 붙이고 싶기도 하다.

이 책은 나를 보기, 변화하기, 관계 맺기의 세 부분으로 나뉘어 있다. 사실 이것은 과정이라고 하는 편이 적절하겠다. 우리의 마음을 치유하기 위해서 가장 먼저 '나 자신을 들여다보는 일'을 해야 한다. 어쩌면 상담에서 가장 기본적이면서도 가장 핵심적인 작업이다. 그동안 살아오면서 억눌러 두었던 다양한 감정을 언젠가는 꺼내어 보아야 한다. 이렇게 묶여 있고 감춰 있던 것을 인정하고 수용할 때 변화가 시작된다. '변화의 과정'에서 때로 좌절하기도 하고 고통스럽기도 해서 마음의 깊은 곳으로 들어가는 일을 그만두고 싶기도 하고, 차라리 모르고 지내던 때가 속 편하고 좋았던 것 같기도 하다. 하지만 이때 우리는 멈추지 않고 조금 더 힘을 내야 한다. 끝이 보이지 않는 터널 같은 시간을 지나가는 것은 '진정한 관계 맺기'를 위한 것이다. 사실,

처음부터 모든 과정은 관계 맺기를 향해 있었다. 우리는 늘 관계를 갈망하고 관계 속에 있을 때 진정한 기쁨을 느낄 수 있다. 혼자 있는 게 편하고 혼자 있는 게 제일 좋다고 말하는 사람들의 이면 감정은 그 누구보다 관계를 잘 맺고 싶은 욕구에 기반해 있다. 다만 이러한 바람이 좌절되거나 상처를 입었기 때문에 차라리 혼자이기를 선택한 것이다. 함께이고 싶지만 그 함께함이 너무 고통스러워 혼자이기를 바라게 된 것이다. 혼자 있는 삶은 편하고 자유로울 수 있지만 진정한 기쁨은 누릴 수 없다. 진정한 기쁨은 함께함을 즐거워하는 것에서 나오기 때문이다. 《상담자가 건네는 말》을 통해 나로부터 변화가 시작되고 함께함의 기쁨이 회복되기를 바란다.

차례

3부 관계 맺기

1^부

———— ◆ ————

나를 보기

참을 수 없는 존재의 부끄러움

사람들이 알고 있는 내 모습과 내가 아는 나의 모습이 너무 달라서, 다른 사람들이 그 사실을 알게 될까 봐 막연하게 불안합니다. 어떤 때는 내가 너무 괜찮은 사람 같아서 우쭐대기도 하다가 또 어떤 때는 내가 너무 싫고 비참해서 어디론가 사라지고 싶기도 합니다. 어떻게든 하루하루 살긴 하는데, 사는 게 재미도 없고 또 이렇게 사는 게 무슨 의미가 있나 싶기도 하고, 뭐라고 이유를 콕 집어 말하기는 어렵지만 마음속이 허전하달까…. 내 삶에 맘 편히 웃는 좋은 시절이 올까요? 그런 건 상상조차도 잘 안 되네요….

죽을힘을 다해 산을 넘어와서 이제 좀 쉴 수 있을까 하고 숨을 돌리려고 하는데, 앞에 또 산이 놓여 있는 것을 알게 되었을 때의 막막함이 우리 삶 곳곳에 존재한다. 마치 허들 경기를 하는 것처럼 장애물을 힘겹게 뛰어넘었는데 앞에 또 다른 장애물이 놓여 있다. 이처럼 우리는 눈에 보이는 장애물 때문에 삶이 힘들어진다고 생각하지만 정작 우리 삶의

상담자가 건네는 말

모든 문제는 정체감identity에서 시작된다. 그래서 문제의 뿌리를 찾아야만 비로소 해결로 나아갈 수 있다.

지난 학기 교육 대학원 수업 중에 있었던 일이다. 교육대학원의 학생들은 주로 현직 교사들로, 낮에는 선생님으로 학생들을 가르치지만 일과를 마치고 나면 대학원에 와서 학생으로 수업에 참석한다. 대학원생 한 명이 강의시간에 늦었는데, 자신이 늦은 이유를 설명하다가 자신의 부끄러웠던 경험담을 한 가지 털어놓았다. 중학교 수학 교사인 그의 고백은 이랬다. 수업 시간에 칠판에 수식을 적고 있었는데, 뒤쪽에 있던 한 학생이 갑자기 "저기요, 선생님. 거기 틀렸는데요"라고 큰 소리로 말했다고 한다. 순간 머릿속이 하얘지면서 너무 당황한 나머지 아무 생각도 나지 않고 아무 말도 할 수가 없어서 책을 덮고 황급히 교실을 빠져나왔다고 한다. 그 자신도 왜 그렇게 교실을 나왔는지, 어떻게 교무실까지 걸어왔는지 모르겠지만 교무실 책상에 앉아 한참이 지난 뒤에야 정신이 들면서 그제야 너무 창피해서 쥐구멍에라도 숨고 싶었다고 한다. 다시 시간이 좀 더 흐른 후에는 큰 소리로 틀렸다고 지적한 그 녀석이 너무 밉고 원망스럽고 화가 났다는 것이다. '어떻게 선생인 나한테 그렇

게 대놓고 틀렸다는 말을 할 수가 있어. 괘씸한 녀석, 두고
보자'라고 생각했다고 한다.

　이 교사는 왜 이런 반응을 보인 것일까? 일반적으로 이
런 행동을 수치 반응shame response이라고 한다. 수치 반응은 수
치정체감을 가진 사람들이 잘못을 하거나 실수를 했을 때
나타나는 행동 반응이다. 수치 반응과 구분되는 것을 심리
학에서 유죄 반응guilty response이라고 하는데, 일반적으로 사
람들이 실수나 잘못을 하면, 잘못한 특정 행위에 제한해서
상대에게 미안한 마음을 갖고 사과하고, 적절한 피해 보상
을 함으로써 상황을 수정하는 것을 말한다. 이렇게 할 경
우, 상황은 정리되고 다시 일상의 상태로 돌아갈 수 있다.
그런데 수치 반응은 실수 행위를 자신의 존재 전체로 확장
함으로써 자기함몰에 빠진다. 자기함몰 현상은 온통 자신
에게 신경을 쓰느라 상황에 적절히 대처하지 못하고 상대
방에게 공감할 심리적 여유를 가질 수 없는 것을 말한다.
여러 사람 앞에서 발표해야 하는 상황에서 갑자기 머릿속
이 하얘져 아무런 대처도 하지 못하고 그저 사람들이 나를
지켜보는 눈동자만 보이고 쿵쾅거리는 자기 심장 소리만
들렸던 기억이 있다면 자기함몰 상태를 경험한 것이다.

따라서 이런 사람은 무엇인가 실수나 잘못을 하면 자신을 감추는 행동을 하거나 회피하거나 합리화하거나 변명한다. 때로는 잘못을 추궁당하는 경우에 자신이 잘못하고도 도리어 화를 내고 상대방을 공격하기도 한다. 이런 사람은 절대로 실수하거나 실패해서는 안 된다는 완벽주의적인 생각을 갖고 있기 때문에 애를 써서 자신을 지키려고 한다. 하지만 사람의 정신 에너지는 제한적이어서 어느 한곳에 과도하게 몰입하면 다른 쪽을 놓치게 된다. 그래서 어느 한 부분은 완벽해 보이지만 실상을 들여다보면 또 다른 부분은 너무도 허술한데 정작 당사자는 자신의 그러한 결점을 알아차리지 못한다. 이런 유형의 사람은 다른 사람 앞에서 완벽하게 보이기 위해 항상 긴장하면서 자신의 실수를 들키지 않으려고 가면을 쓰기 때문에 내적으로는 늘 안개 같은 외로움을 느끼고 있다. 막연한 불안감을 갖고 있고 사람들을 만나거나 자신이 행동했던 상황을 떠올리면서 '그때 그랬어야 했는데'라고 후회하면서 항상 아쉬움을 가진다. 시간이 지날수록 후회감이 쌓이면서 내적으로 깊은 절망이 자리 잡는다.

　사람들이 이런 수치 반응을 보이는 이유는 수치정체감 때문이다. 정체감은 자기 자신을 누구라고 생각하느냐에 대한 개념인데, 수치정체감shame identity이란 자기 자신을 두고 '나는 수치스럽다, 나는 오점이 있다'라고 생각하는 것을 말한다. 그렇다면 왜 사람들은 수치정체감을 갖는 것일까?

수치정체감의 원인은 학대abuse이다. '학대'라고 하면 무엇이 떠오르는가? 아마도 신체적인 학대가 가장 먼저 생각날 것이다. 학대는 크게 두 가지 형태로 구분해 볼 수 있다. 하나는 주어서는 안 될 것을 주어서 생기는 고통이고, 다른 하나는 반드시 주어야 할 것을 주지 않아서 생기는 고통이라고 할 수 있다. 먼저, 능동적(의도적) 학대는 언어, 정서, 신체적으로 의도적으로 고통을 가하는 것을 말한다. 이런 형태의 의도적 학대는 학대하는 사람이나 학대당하는 사람 모두 학대 상황을 인식할 수 있다. 이와 달리 수동적(비의도적) 학대는 부모가 의도하지 않은 상태에서 자녀들이 외상을 경험하는 것을 말한다. 예를 들어, 생계 문제로 아이들을 적절히 보살필 수 없어서 방치나 방임하면, 부모의 의도와 상관없이 아이들은 깊은 상처를 받는다. 다시 말해서 능동적 학대는 주어서는 안 될 것을 주어서 생기는 고통이고 수동적 학대는 주어야 할 것을 주지 못해서 생기는 고통이다. 우리 삶에서 학대와 관련된 상황은 다양하게 나타난다. 정서적 · 언어적 · 성적 폭력을 겪으며 성장하거나, 여러 이유에서 무관심과 방치 속에서 성장하거나, 집이 가난하고 부모가 배우지 못하고 부부 갈등이 있어 버려진 채 성장하거나, 부모의 외도로 가족관계가 복잡해진 가정에서 성장하거나, 다양한 중독과 만성질환, 인격장애, 신체장애, 또는 수치감을 주는 완벽주의적인 부모, 과잉보호하거나 편애하는 부모 아래에서 성장하는 것 등이다.

이런 환경에 오랫동안 반복적이고 지속적으로 노출되면 성장 과정에서 수치정체감이 형성된다. 사실 이런 상황이나 환경은 하나의 사건에 불과한데 그 상황이나 환경이 자신의 존재에까지 보편화되어서 나 자신이 수치스럽고 부끄러운 존재가 되어 버린다. 즉, 수치스러운 하나의 사건이 존재감으로까지 일반화되어 수치정체감으로 자리 잡는 것이다. 그런데 수치정체감이 일단 형성되면 다음 단계에서 두려움이 따라온다. 왜냐하면 수치정체감을 가진 사람은 자신에게 오점이 있다고 생각하기 때문이다. 그래서 '나에겐 남들에게 말하지 못할 부끄러운 비밀이 있다. 나는 흠이 있는 사람이다. 나는 부끄러운 존재다. 나는 있는 그대로 사랑받을 만한 가치가 없는 사람이다. 나는 끊임없이 나의 가치를 증명해야 한다.' 등과 같은 부정적이고 수치스러운 자아상을 갖기 때문에 이러한 사실이 드러나면 사람들이 자신을 싫어할 것이라고 여기고 자신이 있는 그대로 노출되는 것을 두려워한다. 일단 이렇게 노출에 대한 두려움이 형성되면 그다음 단계로 따라오는 것이 바로 통제의 문제이다. 즉, 두려움은 통제 이슈control issue를 형성한다. 마음 깊은 곳에서부터 '나는 나 자신의 진짜 모습을 숨겨야 한다. 나는 더욱 완벽해져야 한다'라고 생각하기 때문에 자신의 진짜 모습을 숨기기 위해 자신을 어떻게든 통제하려고 애쓰기 때문이다.

이런 통제의 문제가 드러나는 현상이 바로 각종 중독 문제이다. 중독자들은 자신의 중독 문제를 알고 있다. 하지만 마음대로 통제가 되지 않는다. 술을 마시면 안 된다고 알고 있지만 통제가 되지 않아서 계속 알코올 중독에 머물러 있을 수밖에 없는 것이다. 우리는 중독 문제를 바라볼 때 겉으로 드러나는 중독 현상 자체를 문제 삼기보다는 중독을 일으키는 뿌리인 수치정체감을 볼 수 있어야 한다. 이 세상에는 보이는 것과 보이지 않는 것이 있다. 보이는 것의 이면에는 보이지 않는 마음의 작용이 숨어 있다.

아이들이 자라는 것도 마찬가지이다. 아이들은 밥만 먹고 크는 게 아니다. 우리나라 부모들은 아이들의 신체적 발육과 건강에 대해서는 지식도 풍부하고 처방도 곧잘 한다.

키가 충분히 크지 않는다 싶으면 걱정하며 몸에 좋은 음식이나 보약을 챙겨 먹인다. 이와 대조적으로 보이지 않는 마음이 잘 자라고 있는지에 대해서는 무심하고 무지한 편이다. 아이들이 자라기 위해서는 정서적 자양분이 필요하다. 정서적 친근감과 소속감을 느낄 부모가 필요하다. 자신을 깊이 사랑하고 이해해 주는 부모, 자신의 문제에 자기 일처럼 뛰어들어 깊은 관심과 열정으로 배려하고 보호해 주는 부모가 필요하다. 자신의 성공을 함께 기뻐하고, 자신의 한계에 함께 울어 주고 다독이며 새로운 대안을 제시해 주는 부모가 절대적으로 필요하다. 무섭고 두려울 때 안정을 주고 보호해 주고 자신의 잠재력을 인정해 주고 일깨워 주는 부모가 필요하다. 이처럼 아이들은 부모에게 의존적일 수밖에 없는데, 여러 가지 이유로 기본적인 정서적 필요들이 제대로 충족되지 못하고 부모에게 기댈 수 없을 때 아이들은 부모의 의도와 상관없이 큰 고통을 경험한다.

동료 상담자들과 모여서 넋두리처럼 하던 말이 있다. "결국은 또 아버지더라, 결국은 또 엄마더라." 이 말은 현실에서 부딪힌 여러 가지 어려움을 극복하기 위해 상담을 시작했지만, 상담하는 과정에서 결국 그 문제는 부모와 나의 관계 역동에서부터 발생한 것이었음을 깨닫는 경우가 많기 때문이다. 표면적으로는 전혀 상관없어 보이는 문제였는데 결국은 분석해 보니 부모와 나의 관계에 본질적인 원인이 있었던 것이다.

우리 삶에서 가장 필요한 것은 존재의 부끄러움을 덮고도 남을 만큼 넘치는 사랑이다. 온전한 사랑이 두려움을 멀리 내쫓는다.

"그동안 삶에서 아무런 사랑도 받지 못했다고 느낀다 해도, 지금 숨을 쉬고 있다면 생명의 사랑이 나와 함께 하고 있는 것입니다. 숨을 들이쉴 때 생명의 사랑으로 당신이 가득 찹니다. 숨을 내쉴 때 생명의 사랑이 당신을 감싸 줍니다."

상담자가 건네는 말

내 마음의 그림자

하는 짓마다 어쩜 그렇게 미운지. 미운 짓만 일부러 골라서 내 앞에서 하는 것처럼 꼴도 보기 싫은 거 있죠. 그 말투와 행동을 도저히 참아 줄 수가 없어요. 아니. 사람이 어쩜 그럴 수가 있죠?

우리가 살다 보면 이상하게 주는 것 없이 미운 사람이 있다. 이 글을 읽으면서 지금 나는 그렇지 않다고 시치미 떼고 있는 사람도 가만 생각해 보라. 어느 누구든 주위에 그런 사람이 한두 명은 있다. 어쩜 그렇게 하나부터 열까지 하는 짓이 미운지, 어떻게 그렇게 얄미운 짓만 골라서 할 수가 있는지 도무지 이해가 안 되는 사람들이 있게 마련이다. 그런데 만약 어떤 사람이 이렇게 얄밉다면, 그것은 자신의 그림자가 투사된 것이다! 지금까지 살아오면서 삶의 단계마다 이상하게 얄밉고 보기 싫었던 사람들이 어떤 사람이었는지 기억해 보자. 그 사람들의 공통적인 특성을 생각해 보라.

스위스의 정신의학자이자 심리학자인 칼 융Carl Jung은 개인마다 스스로가 의식적으로 받아들이기 힘든 충동들을 포함한 어두운 부분인 그림자shadow가 있다고 말한다. 우리는 흔히 콤플렉스complex라는 말을 쓰는데 이 용어를 처음 쓴 사람이 바로 칼 융이다. 융은 우리 안에 있는 어두운 그림자를 받아들여 영혼 속에 어떻게 성공적으로 편입시키느냐의 여부가 개인의 심리적 건강에 매우 중요하다고 말했다.

다시 말해서 그림자는 우리 자신이 나의 성격이라고 의식적으로 알고 있는 것과 정반대되는 특성이라고 할 수 있다. 그림자에는 우리가 의식적으로 도저히 받아들일 수 없는 성적인 것과 공격적인 충동이 포함되고, 우리가 성장하는 과정에서 형성된 인격의 열등한 측면도 포함되어 있다. 따라서 그림자는 우리 자아의 어두운 면, 즉 무의식적 측면에 있는 나의 분신이다. 그렇기 때문에 의식적 자아가 강하게 조명될수록 그림자의 어둠은 짙어진다. 우리는 대체로 나 자신에 대해서 매우 잘 알고 있다고 생각하기 쉽다. 하지만 대부분의 사람들이 자신의 약점이나 결점을 제대로 보지 못한다. 우리 속담 중에 "등잔 밑이 어둡다"라는 말도 있듯이, 우리가 의식하지 못하는 자신의 그림자가 있다는 점을 인정해야 한다.

그렇다면 이렇게 어두운 그림자는 무조건 나쁘고, 우리 인격에서 없애 버려야 할까? 그렇지 않다. 그림자를 무조건 악하고 부정적이고 열등한 것으로 보기보다는, 오히려 의식의 그늘에 가려지고 무의식에 버려져서 의식화되거나 분화될 기회를 갖지 못한 것으로 이해해야 한다. 이처럼 그림자를 우리의 의식에 편입시키는 것은 심리적 건강에 매우 중요하다.

왜냐하면 그림자를 의식화하지 못하면 투사가 일어나기 쉽기 때문이다. 아담과 이브가 죄를 짓고 난 후 가장 먼저 한 행동도 바로 자기 잘못을 상대방에게 투사하고 탓하는 것이었다. 누구나 살면서 한번쯤은 '그저 싫은 사람'을 만나 봤을 것이다. 그런데 이처럼 어떤 사람이 이유가 있든 없든 그렇게도 얄밉고 싫다면, 그것은 그 사람이 가진 어떤 특징이 나의 그림자와 일치하기 때문이다. 따라서 어떤 대상에게 부정적 감정이 생긴다면 나의 그림자를 돌아볼 필요가 있다. 특히 부부나 부모-자녀 사이의 갈등은 주로 그림자의 투사로 인한 오해 때문에 일어난다. 자녀가 여러 명일 경우, 내 자식인데도 불구하고 특정 자녀만 이상하리만치 자꾸 야단치게 되고 어떨 때는 미워하기도 한다. 상담을 요청했던 한 주부는 애가 둘인데, 둘째는 너무 예쁘고 사랑스러운데 이상하게 첫째가 맘에 들지 않아서 너무 괴롭다고 토로했다. 또 어떤 아빠는 딸은 예쁜데 아들이 미워서 힘들다고 하는가 하면, 또 다른 엄마는 아들만 좋고 딸이 싫다고 하기도 한다. 따라서 자녀에게 그림자가 투사되지 않도록 하기 위해서는 부모 자신이 먼저 자신의 그림자를 인식하고 의식화하기 위해 노력해야 한다.

칼 융은 "내 것이 아닌 것은 나에게 영향을 미칠 수 없다"라고 했다. 나와 전혀 상관이 없으면 그 사람이 무슨 말을 하고 어떤 행동을 하든 내가 영향을 받지 않는다는 것이다. 그토록 밉고 못마땅한 사람이 있다면 그것은 내 안에 있지만 도무지 내 것이라고 인정하고 싶지 않은 나의 못난 부분인 어두운 그림자의 특성을 그 사람이 그대로 나타내기 때문이다. 그러니 이제부터 얄미운 사람이 있다면 '어휴, 못난 내 모습이구나' 하며 너그러운 맘을 갖길 바란다.

그림자와 함께 살펴보아야 할 개념이 바로 페르소나이다. 페르소나persona는 자아가 외부 세계와 접촉하면서 적응하는 데 필요한 여러 가지 행동양식을 익힌 것으로, 외적 인격이라고도 한다. 고대 그리스의 연극에서 배우들이 쓰던 가면에서 유래한 용어인데, 실제적인 것이 아니라 가상적인 것이라는 의미이다. 우리가 흔히 말하는 '체면을 차리다, 얼굴을 들 수가 없다, 볼 낯이 없다' 등과 같이 말할 때와 유사한 의미를 지닌 페르소나는 다른 사람에게 자신을 드러내는 방식이라고 할 수 있다. 따라서 '있는 그대로의 나의 모습'보다는 '다른 사람에게 보이는 나의 모습'이 훨씬 더 큰 비중을 차지한다. 물론 페르소나는 사회적 상황에서 어떻게 생각하고 느끼고 행동할 것인지를 배우는 데 매우 유용하다. 하지만 페르소나에 지나치게 의존해서 살다 보면 진짜 나 자신의 모습이 어떠한지 확신할 수 없고 피상적인 대인관계를 벗어나지 못한다. 칼 융은 우리가 외적 인격인 페르소나에 지나치게 자신을 동일시하면서 내적 인격을 외면할 때 우울증이 생긴다고 보았다. 우울증이 생기는 근본적인 이유는, 외부에 과도한 관심을 기울이고 심리적 에너지를 다 쏟아 버리면 우리 의식의 에너지가 고갈되는데, 이때 무의식에 정체되었던 에너지가 작용하기 시작하기 때문이라고 보았다. 우리의 무의식은 의식과 균형을 맞추려고 하기 때문에 의식이 너무 외적인 것에 에너지를 쏟으면 무의식은 내적인 방향으로 에너지를 작용시킨다는 것이다. 특히, 자신의 삶에서 오랫동안 페르소나에만 충실했던 사람은 중년기에 정신적 균형이 깨지면서 우울증을 겪을 수 있다. 우리가 흔히 말하는 중년의 위기가 바로 이러한 메커니즘에서 발생한다고 할 수 있다.

어쩌면 그림자와 페르소나는 연결되어 있는지도 모른다. 우리는 자신의 어두운 면을 감추기 위해 종종 가면을 쓴다. 그동안 살면서 너무 오랫동안 쓰고 있어서 이제 어떤 것이 가면이고 어떤 것이 진짜 내 얼굴인지 모를 정도가 되어 버린 나에게, 나의 못난 모습 또한 온전히 내 것이라고 말해 주자. 있는 그대로의 나를 인정하고 받아들이는 용기를 내 보자. 누군가 나에게 용기가 무엇이냐고 묻는다면, 자기 자신의 못난 모습까지도 있는 그대로 받아들이는 것이라고 답하고 싶다.

이제 우리 내면을 향한 여행을 떠날 때가 되었다. 이 여행에서 우리는 여러 개의 관문을 지나야 한다. 겹겹이 쌓인 페르소나의 벽을 뚫고, 어두운 그림자의 골짜기를 지나 계속해서 나아갈 때 진정한 나의 모습real self을 만나게 된다.

Let's go, spiritual journey to the inner world!

"전철에 앉아 다른 사람을 곁눈질하며 속으로 질투를 느낀다면, 또는 그 사람이 괜스레 밉다면 눈을 감으세요. 그리고 내 마음의 비어 있는 곳을, 어두운 곳을 따스한 시선으로 바라보세요. 스스로 자신을 봐 주세요."

* 기본개념 참고도서
  권석만(2012). 《현대 심리치료와 상담 이론》. 학지사.

내 마음의 방패

늘 만나는 친구이지만 이상하게 그 친구에게는 마치 한 겹의 막이 쳐져 있는 것처럼 느껴요. 가까우면서도 한편으로는 멀게만 느껴지는데 이걸 뭐라고 딱 꼬집어 설명하기도 어렵고요. 그 친구를 어떻게 이해하면 좋을까요?

프로이트Freud는 《억압, 증상과 불안》(1926)에서 자아가 불안을 의식적인 수준에서 적절하고 합리적으로 다룰 수 없을 때, 불안을 감소시키기 위해 무의식적으로 현실을 거부하고 왜곡하는 방어기제defense mechanism를 사용한다고 주장했다. 이처럼 자아가 느끼는 불안은 세 가지 유형으로 구분할 수 있다. 첫째, 현실 불안reality anxiety은 실제 외부 세계에서 받는 위협이나 위험에 대한 인식 기능으로서 불안을 느끼는 것인데, 실제적이고 현실적인 불안을 의미한다. 예를 들어, 가파른 내리막길에서 넘어질 것 같은 불안이나 높은 곳

상담자가 건네는 말

에서 떨어질 것 같은 불안 등이다.

둘째, 신경증적 불안neurotic anxiety은 불안을 느껴야 할 이유가 없음에도 불구하고 자아가 본능적 충동을 통제하지 못해 좋지 않은 일이 생길 것이라는 위협을 느껴서 불안에 사로잡히는 것이다. 신경증적 불안은 원초아id(흔히 본능적이고 원초적인 욕구, 쾌락의 원리에 따라 움직이는 성격 구조의 한 부분)의 쾌락에 지나치게 만족하면 처벌을 받을 것이라는 두려움에서 기인한다. 원초아의 욕구는 주로 성욕과 공격성인데, 예를 들어 육아에 지친 엄마가 아기가 자꾸 울어댈 때 아기가 죽어버렸음 좋겠다는 생각이 순식간에 스쳤을 때 "어머 내가 미쳤나 봐"하며 소스라치게 놀랄 수 있다. 이것은 원초적 공격성이 표출될 때 자아가 현실적 원리에 따라 기능하는 것이라고 볼 수 있다.

셋째, 도덕적 불안moral anxiety은 원초아와 초자아super ego(도덕적 원리에 따라 움직이는 성격 구조의 한 부분) 간의 갈등에서 비롯된 불안으로 자기 양심에 대한 두려움이다. 자신의 도덕적 원칙에 위배되는 원초아의 충동이 동기화되면 초자아는 수치감과 죄의식을 느끼게 한다. 예를 들어, 버스에서 피곤해서 좌석에 앉았는데 앞에 몸이 불편해보이는 노인이 탔을 때, 계속 외면하고 앉아 있으면 괜히 가슴이 쿵쾅거리고 뭔가 죄책감이 든다.

자아ego(현실 원리에 따라 움직이는 성격 구조의 한 부분이자 성격의 중심)가 이러한 불안에 잘 대처할 수 있을 만큼 건강하고 힘이 있으면 문제가 되지 않지만, 자아의 기능이 약해져 있을 때는 이러한 불안에 대처하기 위해 방어기제를 작동시킨다. 우리가 살아가면서 자주 사용하는 방어기제를 몇 가지 살펴보자.

먼저, 억압repression은 고통스럽거나 위협적인 경험, 생각, 감정 등을 의식에서 분리하는 것을 말한다. 사회적·윤리적으로 용납될 수 없다고 생각하는 욕구, 충동, 생각 들을 자신의 무의식 속으로 감춰 버리는 것이다. 하지만 어떤 사건이나 경험을 완전하게 억압하는 것은 불가능하기 때문에 그렇게 억압된 욕망은 종종 꿈, 농담, 말실수 등으로 간접적으로 나타나기도 한다. 이렇게 억압된 내용이 무의식 속에 남아서 현재 행동의 동기로 작용하는 것이다. 억압은 다른 방어기제의 기초라고 할 수 있다.

이처럼 억압은 방어기제를 이해하는 데 매우 중요한 개념이지만, 심리역동적인 것이기 때문에 쉽게 이해하기 어렵다. 억압을 어떻게 설명해야 할까 고민하다가 한 장면이 연상되었다. 휴일이라 씻지도 않고 맘 놓고 쉬고 있는데 갑

자기 초인종이 울려서 보니 손님(예: 시어머니)이 와 있다고 가정해 보자. 그럼 우리는 화들짝 놀라서 일단 눈에 보이는 빨랫감이나 먹다 남은 설거지거리 등 지저분한 것을 얼른 다 모아서 옷장이나 벽장 속에 후다닥 밀어 넣은 후에 문을 열어 준다. 일단 손님을 맞이해서 집에 들어오게 했지만, 사실 그 손님이 있는 동안 우리는 계속 불안하다. 혹여라도 손님이 방금 물건을 숨겨 둔 벽장문을 열어 볼까 하는 불안과, 또 하나는 좀 전에 급하게 마구 쓸어 넣은 물건들 때문에 문이 압력을 견디지 못하고 저절로 열려 버리면 어쩌나 하는 불안이다. 물론, 우리는 손님이 가고 난 다음 시간을 내서 그 문을 열고 정리도 하고 청소를 한다. 그런데 만약 손님이 가고 난 후에도 그것을 그대로 두었다면 어떻게 될까? 1년, 3년, 10년… 벽장 속에 밀어 넣고 문을 닫았기 때문에 겉으로는 아무렇지도 않겠지만 아마도 그 속에서는 이것저것이 뒤엉켜 썩고 있을 것이다. 그리고 문틈 사이로 냄새가 새어 나올 수도 있다.

일상의 예를 들어 설명했지만 심리역동적으로 억압은 이와 같다. 나에게 심리적 여유가 없을 때, 삶에서 감당할 수 없는 상황을 경험하거나 문제를 겪을 때 우리는 그것을 후다닥 무의식의 벽장 안으로 밀어 넣는다. 그렇게 하면 일단

의식에서 사라지기 때문에 아무렇지도 않다고 생각하고 일상을 살아간다. 하지만 무언가를 억압하려고 할 때, 우리의 한정된 심리적 에너지가 매우 많이 소모된다. 따라서 자신도 모르게 억압하느라 심리적 에너지를 소모했기 때문에 쉽게 피곤해지고 무언가 새로운 일을 할 에너지가 남아 있지 않다. 이처럼 억압은 창조적이고 건설적인 일에 사용해야 할 우리의 심리적 에너지를 소모시킨다.

부인denial(거부, 부정)은 힘든 현실의 상황을 무시함으로써 불유쾌한 현실을 깨닫기를 거부하는 것이다. 즉, 의식화된다면 도저히 감당하지 못할 생각, 욕구, 충동 등을 무의식적으로 부정하는 것을 뜻한다. 예를 들어, 전쟁이나 재난과 같은 비극적 상황에 직면했을 때 이를 받아들이기에는 너무 고통스러운 나머지 현실에 스스로 눈을 감아 버리는 것이다. 또 암으로 죽어 가면서도 자신은 암이 아니고 의사의 오진이라고 주장하거나, 애인이 자신을 떠나 버렸는데도 아직도 자신을 사랑한다고 믿는 경우가 이에 해당한다고 할 수 있다.

내가 만났던 한 내담자는 누나가 여럿 있는 집의 막내 외아들이었는데, 아버지가 일찍 돌아가셔서 어머니가 홀로 어렵사리 자녀들을 키워 왔다. 이 내담자는 어릴 적부터 공부를 잘해서 명문대학에 진학했고 졸업을 앞두고 있었다. 아들은 이제 곧 졸업하면 빨리 취직해서 어머니께 효도해 야겠다고 마음먹고 있었는데, 어머니가 그만 병에 걸려 수 술을 했지만 회복에 실패해 임종을 앞두었다. 마지막 순간 이 되어 어머니가 막내아들을 보고 싶다고 간절히 불렀는 데도 아들은 끝까지 어머니의 병실에 들어가지 않았다. 결 국 어머니는 돌아가셨고 장례를 치렀다. 그런데 이 막내아 들은 중년이 될 때까지 어머니의 죽음을 인정하지 않았다. 어머니의 물건을 버리지 않고 그대로 간직하면서 어머니가 여전히 살아계신 것처럼 생각하고 행동했다. 어머니가 돌 아가신 것은 엄연한 사실임에도 이 아들은 인정하고 싶지 않은 현실 앞에서 자신의 한쪽 눈을 감아 버린 것이다. 너 무나 고통스러운 나머지 어머니의 죽음을 차마 받아들일 수가 없었기 때문이다.

투사projection는 자기 스스로 혹은 사회적으로 용납되지 않 는 충동이나 생각을 무의식적으로 다른 사람이나 사물에 전가하는 것이다. 자신의 결점을 타인이나 환경의 탓으로 돌려 비난함으로써 자신의 결함이나 약점 때문에 갖는 위 협이나 불안으로부터 자아를 보호하고자 하는 방어기제 이다. 예를 들어, 자신의 성적이거나 공격적인 충동을 '내가 아닌 다른 사람'이 갖고 있다고 보는 것이다. 그렇게 하면 자신의 수용될 수 없는 욕망을 인식하거나 다루지 않아도 되기 때문이다. 고등학교 윤리 선생님이 있었다. 이 교사는 어느 반의 한 여학생에 대해 몹시 불쾌해하며 공개적인 험담을 했다. 그 여학생이 많은 남학생을 꼬드기고 자신도 유혹하려고 하는 매우 질이 좋지 않은 여자아이라는 것이다. 하지만 실상은 자신이 그 여학생에게 성적 충동을 느꼈지만 평생을 윤리 교사로 엄격하게 살아온 자신이 그런 충동을 느꼈다는 사실을 받아들일 수 없었다. 윤리 교사는 자기 안에서 올라오는 성적 충동을 감당할 수 없어서 그 여학생에게 투사한 것이다. 자기 안에서 나오는 것들 중에 자기 자신의 것이라고 인정하고 싶지 않은 것을 주로 타인에게 투사한다. 재미있는 점은, 우리는 모두 좋은 것은 자기 것이라고 쉽게 인정하면서 어두운 것, 좋지 않은 것은 자기 것이라고 쉽게 인정하지 않는다는 것이다.

전치displacement(또는 대치)는 자신의 본능적 충동을 위협적인 대상이 아닌 보다 안전한 대상에게로 발산하는 것을 말한다. 즉, 원래의 대상 혹은 사람을 향해 심리적 에너지를 표출하기 어려울 때, 다른 대상 혹은 사람에게로 표출하는 것이다. 직장 상사에게 심한 추궁을 당한 남편이 퇴근 후

집으로 돌아와서 아내와 자녀에게 화풀이를 하거나, 시어머니에 대한 불만과 적대감을 직접적으로 표현하는 대신 설거지를 하면서 그릇 닦는 소리를 요란하게 내는 행위가 전치의 예이다. 또는 부모에게 꾸중을 들은 형이 동생에게 자신의 분노와 욕구불만을 표출하는 것이나, 가만히 있는 강아지에게 화풀이를 하는 것도 이에 해당된다.

반동형성reaction formation은 받아들일 수 없는 충동이나 욕구에서 벗어나기 위해 그것과는 정반대되는 행동을 하는 것을 의미한다. 불안을 일으키는 욕망과 정반대되는 태도나 행동을 의식적으로 과장되게 나타냄으로써, 자신의 욕망을 있는 그대로 인식했을 때 발생하는 불안에 직면할 필요가 없어진다. "미운 아이 떡 하나 더 준다"라는 속담은 반동형성의 전형적인 예에 해당된다. 미운 사람에게 더욱 잘해 줌으로써 자신의 부정적인 생각이나 태도가 드러나지 않도록 감추는 것이다. 사랑이라는 가면으로 깊은 증오심을 숨길 수도 있고, 지나친 친절로 잔혹성을 은폐할 수도 있다. 강한 성적 충동을 감추기 위해 오히려 성에 대해 지나친 혐오감을 드러내는 행동을 하거나, 좋아하지 않는 손님을 더욱 극진하게 대접하는 주인의 행동도 이에 해당되는 예라고 볼 수 있다.

지금까지 살펴본 것처럼, 대부분의 정신적 질환이나 심리적 장애는 눈앞에 직면한 이 고통을 피하려고 저리로 도망가거나 다른 것에 의존할 때, 그것이 오히려 나중에 더 큰 고통의 부메랑으로 되돌아오는 것이라고 할 수 있다. 괴로움을 잊으려고 술을 마시기 시작했지만 결국에는 알코올 중독이 더 큰 문제가 되어 삶을 파괴하는 경우를 봐도 그렇다. 또 앞서 예를 든 어머니의 죽음을 부인했던 외아들은 어머니의 죽음을 인정하는 슬픔과 고통은 피했지만 그 결과로 현실에서 사람들과 친밀한 관계를 맺지 못한 채 고립되어 외로운 삶을 사는 더 큰 고통에 빠질 수밖에 없었다.

  우리는 삶의 여정에서, 현재 내가 있는 이 자리가 너무 싫어서 빨리 벗어나기를 바라는 경우가 있다. 내가 있는 '이 자리'가 아닌 다른 사람이 있는 '저 자리'로 옮겨 갔으면 하는 바람이 간절하고 저 자리가 부럽기만 할 때가 있다. 우리는 이렇게 내가 당면한 고통에 직면하고 싶지 않을 때 그 고통을 피하기 위해서 다른 무엇인가를 찾거나 피하려고 한다. 우리는 모두 고통의 자리를 벗어나고 싶어 한다. 우리는 삶에서 험난한 시절이 오지 않기를, 폭풍을 만나지 않기를 원한다. 폭풍 속을 지나간 사람은 많은 것을 깨닫는다. 폭풍을 겪기 전까지는 잘 알지 못하던 것들을 새롭게 알게 된다. 삶이 얼마나 귀한 것인지, 주변에 있는 사람들이 얼마나 소중한지 새삼 느낀다. 고통의 자리를 억압하고 부인하고 다른 사람에게 투사하지 않고 온전히 인정하고 받아들이고 직면할 때, 우리는 자신의 삶을 있는 그대로 살아갈 수 있다.

삶의 폭풍 속을 지날 때, 산골짜기의 시간을 지나면서 우리가 할 수 있는 일과 해야 할 일은 오직 '그럼에도 불구하고'의 정신으로 뚜벅뚜벅 걸어가는 것이다. 과거의 실패를 딛고 일어나 앞으로 나아가야 한다. 앞도 뒤도 막히고 꼼짝할 수 없을 때, 온통 사방이 막힌 것 같을 때 그때도 하늘은 열려 있다.

그렇게도 벗어나고 싶고 가시방석처럼 여겨지고 싫기만한 여기 내 자리가 알고 보니 둘도 없는 꽃자리라니….

앉은 자리가 꽃자리니라!
네가 시방 가시방석처럼 여기는
너의 앉은 그 자리가
바로 꽃자리니라.

– 구상의 〈우음(偶吟)〉 중에서

"현재의 내 상태가 마음에 들지 않거나 눈앞의 실패를 경험했다면, 심호흡을 먼저 크게 해 보세요. 실패를 가리고 변명하기보다는 그럴 수도 있음을 스스로에게 말해 주세요. 어쩔 수 없지 하고 멋쩍지만 허허 웃어 보세요. 그리고 남은 에너지로 새로운 방향을 모색해 봅시다."

* 기본개념 참고도서
  권석만(2012). 《현대 심리치료와 상담 이론》. 학지사.

상담자가 건네는 말

그 아버지에 그 아들

'나는 커서 아버지처럼 되는 말아야지, 나는 절대 우리 엄마처럼 살지는 않을 거야.' 그렇게도 다짐하고 또 다짐했는데, 어른이 된 어느 날 그렇게도 닮고 싶지 않았던 나의 부모를 꼭 닮아 있는 나 자신의 모습을 발견하고 너무나 놀랐죠. 그리고 좌절했죠…. 그렇게도 닮지 않으려고 안간힘을 쓰며 반대로 살았는데 결국은 똑같이 하고 있는 내 모습을 깨달았을 때의 그 황당함이란…. 아이를 야단치다가 문득 엄마랑 똑같이 말하고 있는 나를 봤죠. 어릴 때는 그렇게도 싫었던 엄마의 그 말을 내가 그대로 하고 있는 거예요….

많은 부모들이 고백한다. 아이를 키우다 보면, 내가 아이를 대할 때 나도 모르게 나의 부모와 똑같이 하고 있는 내 모습을 보고 소스라치게 놀라게 된다고 말이다. 특히, 어릴 때 부모가 나에게 하던 정말 듣기 싫었던 말과 행동을 그대로 하고 있는 자신의 모습을 볼 때면 스스로도 자기 자신이 이해가 안 된다고 고백한다.

어릴 적 내가 살던 동네에는 동생과 내가 일명 '술 아저씨'라고 부르는 동네 어른이 있었다. 그 아저씨는 해 질 녘이 되면 어김없이 동네 집집마다 돌아다니며 술을 달라고 행패를 부렸다. 어머니가 하는 구멍가게에 그 아저씨가 와서 술을 달라고 하면 어머니는 이미 많이 마셨으니 오늘은 그만 마시라고 타이르며 돌려보내려 했다. 하지만 그 아저씨는 그냥 돌아가지 않고 계속 주정을 하며 술을 내놓으라고 했다. 그 모습을 지켜보며 동생과 나는 그 아저씨가 너무 싫고 미웠다. 그런데 그 아저씨는 사실, 내가 잘 아는 동네 오빠의 아버지였다. 오빠는 전교 회장이었고 공부도 잘하는 선배였다. 잘생긴 데다 공부도 잘하고 교회에서도 회장을 맡고 있었기에 모든 여학생이 좋아했다. 나도 그 오빠가 멋있다고 생각했다. 그래서 술 취한 아저씨를 볼 때는 너무 미웠지만, 아저씨가 행패를 부릴 때 아들인 오빠가 와서 자기 아버지를 데리고 갈 때는 왠지 마음이 복잡했다. 아저씨가 매일같이 동네를 다니며 저녁 무렵 술에 취해 행패를 부리면 동네 사람들이 집에 연락했고, 그러면 큰아들인 오빠가 와서 술 취한 자기 아버지를 데려가곤 했다. 그때는 몰랐지만 지금 생각해 보면 아저씨는 중증 알코올 중독자였던 것 같다.

상담자가 건네는 말

어느 날 모임에서 그 선배 오빠가 했던 말이 기억난다. 자기는 어른이 되어도 절대 술을 마시지 않겠다고, 술이 이 세상에서 제일 싫다고 말했다. 우리는 그 오빠의 말을 공감할 수 있었다. 그런데 얼마 전 시골집에 갔다가 우연히 듣게 된 것은 그 오빠도 알코올 중독자가 되었다는 소식이었다. 어린 시절, 술이 제일 싫다던 오빠의 모습이 떠올랐다. 왜 그 아들은 그렇게도 싫어하고 진저리를 치며 절대로 닮지 않겠다고 맹세하던 아버지의 모습을 그대로 닮아 있는 걸까….

우리는 세대를 넘어 반복되는 가족의 문제를 이해하기 위해 머리 보웬Murray Bowen의 '다세대 가족치료 이론'을 참고할 수 있다. 다세대 가족치료 이론family systems theory은 이전 세대의 문제가 다음 세대에 그대로 전수된다는 주장이다. 보웬의 연구 가설은 불안정한 자기상을 가진 어머니가 태아를 자기 자신과 융합해서 생각하는 경향이 강할수록 출산 후에도 정서적으로 아기와 자신을 분화하기 어렵다는 것이다. 이처럼 어머니와 아기가 정서적으로 밀착되고 공생적인 감정이 많을수록 자녀 세대에서 정신분열증이 나타날 가능성이 높아진다는 '모자공생mother-child symbiosis' 가설을 주장한다. 물론 현대 이론에서는 병리적 문제의 원인을 어머니에게 일방적으로 전가하는 이러한 모자공생 개념이 비판적으로 논의되고 있지만, 가족을 연결된 하나의 정서적 단위로 보고 세대를 뛰어넘어 가족 문제를 조망함으로써 가족치료 발달에 기여한 면이 인정된다.

나는 보웬의 이론을 배우면서, 그토록 경멸하고 싫어하던 아빠의 모습과 엄마의 모습을 그대로 답습하고 있는 수많은 아들과 딸들을 이해하게 되었다. '절대 아빠 같은 사람과는 결혼하지 않겠다, 절대 엄마처럼 살지 않겠다, 내가 아버지처럼 하나 봐라….' 그렇게 다짐하고 다짐했지만 어딘가 모르게 자신의 엄마 아빠의 모습을 그대로 닮아 있는 어른이 되어 버린 그 아들, 딸들 말이다.

다세대 가족치료 이론의 핵심 개념은 자기분화differentiation of self 인데, 정신내적인 것과 대인관계적인 것의 두 가지 측면이 있다. 정신내적인 측면은 감정적인 것과 지적인 과정을 구별하는 능력이고, 대인관계적 측면은 자신과 타인을 분리하는 능력이라고 할 수 있다. 또한 자기분화 이슈에는 두 가지 상반된 역동이 있는데, 가족 안에서 연합하려는 힘과 분리하려는 힘이다. 우리는 모두 독립적이고자 하는 힘(개별성)과 다른 사람의 요구에 따르고자 하는 힘(연합성)의 상호작용 속에 살고 있다. 이 두 세력이 균형을 이루면 '분화differentiation'되었다고 할 수 있지만, 개별성과 연합성에 불균형이 생기면 '융합fusion'이나 '미분화undifferentiation'를 일으키게 된다.

사람의 관계에서 가장 작고 안정된 관계 단위는 삼각관계triangles라고 할 수 있다. 삼각관계는 드라마에만 등장하는 것이 아니다. 가장 원초적인 삼각관계는 아버지, 어머니 그리고 나로 이루어지는 원가족 삼인체계original family triangles이다. 이처럼 대인관계에서는 삼인체계가 정서체계의 기본요소로서 가장 작고 안정된 관계 단위가 된다. 두 사람 사이에 불균형이 발생해서 스트레스가 커지면 이러한 불안정한 이인체계를 안정시키기 위해서 어느 한쪽이 제삼자를 관계에 끌어들인다. 우리가 가족 안에서 흔히 볼 수 있는 삼각관계의 예는, 자신의 정서적 욕구를 남편이 충분히 채워 주지 않아서 아내가 불만을 갖는 경우, 아들이 태어나면 모든 정서적 충족을 아들을 통해 얻으려고 한다. 이로 인해 남편과 아내 사이에 불화를 일으켰던 긴장과 스트레스가 아버지와 아들 사이로 옮겨 가고(우회함으로써) 부부 사이의 갈등은 안정을 찾는다. 이때 아내는 아들에게 모든 관심과 정서적 욕구를 쏟아부으면서 남편에 대한 불만과 원망을 아들에게 토로하고, 이러한 과정을 통해 아들은 어머니와 동맹 관계를 맺고 아버지와는 적대적 관계를 형성한다.

미분화된 부모는 자녀 가운데 (출생순위와 상관없이) 정서적으로 가장 취약한 자녀를 투사 대상으로 선택하는데, 이 현상을 가족투사 과정family projection process이라고 한다. 가족투사 과정의 강도는 두 가지 요인과 관련되어 있는데, 한 가지는 부모의 미분화 정도이고 다른 한 가지는 가족이 경험하는 스트레스나 불안의 수준이다. 정서적으로 단절된 부부는 심한 거리감을 느끼기 때문에 온통 자녀에게 관심을 쏟으면서 과도하게 집착한다. 이러한 유형의 애착은 무조건적 사랑과 관심이 아니라 불안정한 속박이다. 결국 자녀들에 대한 과잉관여로 부부 간의 거리감은 더욱 심화되고, 그럴수록 불안 때문에 자녀에게 더욱 매달리면서 자신들의 불안을 자녀에게 투사함으로써 자녀 세대가 정서적 장애를 겪게 되는 것이다. 투사가 불안을 감소시켜 주기 때문에 남편은 아이에 대한 아내의 과잉관여를 묵인하거나 직접적이거나 간접적인 방식으로 지원하기도 한다. 형제자매가 몇 명이든 상관없이 모든 관계의 기초는 '어머니−아버지−나'

의 삼각관계 안에서 작용한다.

앞서 예로 들었던 아버지 세대의 문제가 아들 세대에 그대로 반복되는 문제를 설명하는 개념이 다세대 전수 과정 multigenerational transmission process이다. 다세대 전수 과정에는 두 가지 중요한 현상이 연결되어 있다. 첫째는 역기능 가정에서 자라난 사람은 성인이 되어서도 자신과 비슷한 수준의 분화를 가진 상대를 배우자로 선택한다는 것이다. 둘째는 부모의 낮은 분화 수준이 부모의 정서에 민감한 특정 자녀에게 전수되는 현상이다.

그런데 문제는 결혼한 후에 물리적으로 분가해서 독립했어도 정서적으로는 여전히 원가족에 묶여 있는 경우가 많다는 점이다. 내가 아는 한 친구는 아버지가 싫어서 서울로 대학을 온 이후 한 번도 부산의 집으로 가지 않았는데, 이러한 경우를 정서적 단절emotional cut-off이라고 한다. 부모에게서 벗어나기 위해 극단적으로 멀리 떠나거나 또는 함께 살면서도 부모를 멀리하고 회피하고 대화를 거부하거나 정서적 유대관계를 맺지 않는 경우를 말한다. 정서적 단절은 부모와 가장 많이 융합된 자녀에게서 주로 나타나고, 물리적으로 밀리 떠나 있는 것처럼 보이지만 사실상 정서적으로는 가장 많이 융합된 상태라고 할 수 있다. 따라서 자녀에게는 부모와 건강하게 분리되는 과정이 꼭 필요하다.

그런데 우리는 부모에 대한 효를 가장 중요한 덕목으로 생각하는 문화 속에서 살고 있기 때문에 부모에 대해 부정적인 생각을 하는 것조차도 스스로가 용납하지 못한다. 하지만 다시 생각해 보면, 부모를 향한 숨겨진 분노와 원망을 떨쳐 내지 않고 덮어 둔 채로는 진정한 공경도 진정한 사랑도 할 수 없다. 악을 악으로 보지 않을 때 그것은 또 다른 악을 낳는다. 어린 시절 자신을 학대하던 아버지의 문제를 직면하지 않았던 아들은, 성장 후 결혼해서 아들을 낳은 후 결국 자신도 아들을 때리게 되는 악순환을 겪기도 한다.

그런데 가끔씩 잘못된 방향으로 이끄는 상담자들이 있다. 상담을 통해 문제가 부모에서 시작되었음을 깨달은 후 부모를 원망하고 탓하는 것으로 상담의 결말을 맺도록 하는 것이다. 부모와 나의 관계에게 일어난 일을 직시하는 것은 옳고 그름을 따져서 부모를 비난하기 위한 것이 아니라 내 상처의 뿌리를 정확히 알고 치유하기 위한 것이다. 상한 감정의 뿌리를 뽑을 때 우리는 비로소 부모를 진정으로 공경할 수 있다. 어릴 적 상처 때문에 무의식에 묶여 있던 에너지를 풀어 내야 다른 사람을 수용하고 사랑할 수 있는 여유가 생긴다.

"아직도 부모에 대한 원망과 미움이 가득하다면 당장 편지를 써 보세요. 부모에게 직접 전달되지 않으니 안심하고 어린 시절부터 현재까지 마음속 깊이 파고들어 있던 사건들, 하고 싶었던 말들, 바랐던 것들을 있는 그대로 적어 보세요. 그 과정에서 원망과 미움, 서운함, 슬픔 등을 모두 느껴 보세요. 어려운 여정을 떠나기로 결심하신 여러분에게 진심 어린 응원을 보냅니다."

* 기본개념 참고도서
  정문자 외(2012). 《가족치료의 이해》. 학지사.

사랑이라는 이름의 덫

그렇게 나를 함부로 대하는데도 왜 그 사람을 떠나지 못하는지, 그렇게 술을 마시고 난장판을 만드는데도 왜 그 사람과 같이 살고 있는지, 내가 나를 이해하지 못하겠어요…. 나는 왜 매번 만나는 사람마다 다 그 모양인지, 인생에서 왜 그런 사람만 자꾸 만나는지 모르겠어요. 지금껏 그 사람이 문제라고 생각했는데 사실은 내가 문제일지도 모른다는 생각이 들기도 해요….

다 큰 아들이 나이 든 엄마에게 돈을 뜯어내며 기생해서 살고, 아내는 너무나 헌신적이고 착한데 남편은 포악한 맹수 같고, 큰누나는 남동생을 위해 자신의 삶을 평생 희생하며 살아가고, 형은 결혼해서도 다 큰 동생을 데리고 살고, 멀리 유학을 간 딸에게 엄마는 하루에도 수십 통씩 전화를 하고….

이는 우리 주변에서 흔히 목격할 수 있는 광경들이다. 하지만 이러한 관계의 패턴 속에는 밀착과 동반의존의 문제가 내재되어 있다. 우리가 매일 보는 TV 드라마에는 착한 주인공과 함께 나쁜 짓만 골라 하는 나쁜 놈이 늘 등장한다. 우리 삶에서도 마찬가지이다. 착한 사람이 되려면 나쁜 사람이 곁에 있어야 한다.

중독 문제를 겪고 있는 사람을 상담하다 보면 그 사람의 곁에는 항상 동반의존자가 있는 것을 어렵지 않게 발견한다. 동반의존codependency은 지나치게 수동적이거나 과도하게 보살피는 방식으로 행동하는 경향성으로, 결과적으로 관계나 삶의 질에 부정적 영향을 미친다. 대체로 동반의존 성향을 가진 사람들은 자신의 욕구보다는 타인의 욕구를 우선순위에 둔다. 자기 자신을 잃어버리고 다른 사람의 필요에 전적으로 반응하기 때문에 공동의존 또는 관계중독이라고도 한다.

동반의존 문제를 겪고 있는 사람들은 대략 네 가지 패턴을 나타낸다. 첫째, '부인' 패턴이다. 동반의존자는 자신이 무엇을 느끼는지 알지 못하거나 또 안다고 하더라도 그것을 최소화하거나 변형시킨다. 자기 자신이 진정으로 원하는 것이 무엇인지 알지 못한 채 타인의 행복을 위해 전적으로 헌신하는 것이다. 물론 어린 아이를 키우기 위해서는 부모의 헌신적인 희생이 필요하지만 부모가 동반의존적일 때는 자녀의 자율성을 해치고 오히려 해가 된다.

둘째, '낮은 자존감' 패턴이다. 동반의존을 하는 사람들은 자존감이 낮아 결정에 어려움을 느낀다. 요즘 흔히들 하는 말로 결정장애를 겪는다. 왜냐하면 자신을 존중하지 않아서 자신의 느낌이나 생각에 확신이 없기 때문이다. 심지어 만나는 남자친구의 성향에 따라 자신이 좋아하는 음식도 바뀐다. 만나는 상대에 따라 카멜레온처럼 성향이나 스타일이 바뀐다. 그렇기 때문에 자신에게 만족하지 못하고 상대방에게 정당한 요구도 하지 못한다. 타인의 승인이나 인정을 자신의 생각보다 더 가치 있게 여긴다. 그러면서 또 한편으로는 그런 자기 자신을 사랑스럽지 못하다고 여기게 된다.

셋째, '순응' 패턴이다. 다른 사람의 분노나 거절감을 피하기 위해서 나의 가치나 본 모습을 너무 쉽게 타협해 버린다. 상대방이 어떻게 느끼는지에 매우 민감하게 반응하고 상대방과 동일하게 느낀다. 타인의 의견이나 감정을 더 가치 있게 여기고 나의 감정이나 의견에 확신이 없고 자신을 표현하는 것을 두려워하기도 한다. 타인이 원하는 것에 나의 관심을 제쳐 놓고 때로는 너무나 충성스럽고 충실해서, 자신에게 해로운 관계나 힘든 관계도 떠나지 못하고 오래도록 남아 있게 된다. 주변에서 왜 저렇게 맨날 당하고도 그냥 사는지 이해가 안 되던 사람들이 있었다면 동반의존의 순응성에 따른 것으로 이해할 수 있다. 매 맞는 아내들이 반복되는 폭력 패턴에도 떠나지 못하고 머물러 있는 경우도 이에 해당된다.

넷째, '통제' 패턴이다. 통제의 이면에는 상대방이 스스로를 돌볼 수 없다는 생각이 내재되어 있다. 그래서 상대방이 마땅히 생각하고 느껴야 하는 것을 확신시켜 주려고 애쓴다. 이 과정에서 내가 돕도록 상대방이 허용하지 않으면 분개하기도 한다. 요청하지 않아도 거리낌 없이 조언하고 선물과 호의를 아낌없이 준다. 그렇게 하는 이유는 그 사람과 관계를 맺고 유지하기 위해, 내가 상대방에게 필요한 존재가 되어야 하기 때문이다. 때로는 수용과 승인을 받기 위해 자신의 성을 이용하기도 한다. 물론, 이러한 패턴은 무의식적으로 내재되어 있기 때문에 스스로 의식적으로 알아차리지 못하는 경우가 대부분이다.

동반의존은 말 그대로 '~와 함께 의존한다'라는 뜻이다. 동반의존 증상은 알코올 중독자 가족모임에서 발견되었는데, 중독자가 술이나 약물, 도박이나 기타 중독물질이나 중독행동에 의존한다면, 동반의존자는 이러한 중독자에게 의존해서 살아간다. 동반의존자에게 가장 중요한 것은 그 사람에게 자신이 꼭 필요한 존재로 남는 것이다. 중독자로 인해 고통스러워하면서도 이런 말을 주로 한다. "그 인간 나 없으면 못 살아, 나라도 옆에 있어야지…." 맨날 사고 치는 다 큰 아들을 대신해서 빚을 갚아 주는 엄마, 자녀의 시험과 공부를 자신의 것으로 만드는 엄마, 친정을 위해 자신의 삶을 희생하는 큰딸…. 그래서 동반의존을 '가족의 병'이라고 부르기도 하고 동반의존자를 동반 중독자coaddict, 돌보는 자caretaker, 구원자rescuer라고도 한다.

남편의 알코올 중독 문제로 상담실을 찾아온 중년 부인의 사례를 살펴보자. 이 부인은 그동안 남편이 밤새 술을 마시고 다음 날 아침 출근 시간이 되었는데도 일어나지 못하면 자신이 회사에 전화를 걸어 상사에게 아프다고 거짓말을 해 주었다. 상담을 받기 전에는 자신의 행동이 문제라고 생각하지 않았고 오히려 술 마시는 남편을 대신해서 자신의 할 일을 한다고 생각해 왔다. 하지만 상담을 통해 그동안 그렇게 행동한 것은 남편이 회사에 출근하지 못해서 해고당하면 자신과 아이들이 돌봄을 받지 못할 것이라는 자신의 두려움 때문임을 깨달았다. 사실 밤새 술을 마신 결과를 다음 날 아침 남편이 스스로 직면하고 대가를 치르도록 했어야 함에도 불구하고 아내는 자신의 두려움 때문에 남편 대신 회사에 거짓말을 해서 막아 준 것이다. 이 같은 보호 행동은 결과적으로 남편이 마음놓고 술을 마실 수 있도록 만들었고 남편의 알코올 중독은 더 심각해졌다. 이렇게 시간이 지날수록 부인은 친정과 시댁, 그리고 교회에도 남편의 알코올 중독을 감추기 위해 거짓말을 해야 했다. 밤새 술을 마시고 난장판을 만들어 놓으면 아침에 아이들이 일어나서 놀랄까 봐 밤새 깔끔하게 정리했다. 그동안 삶에서 정직함이 중요하다고 믿고 살아왔지만 어느새 자신은 거짓말쟁이가 되어 있었고, 아이들은 부모의 정직하지 못한 모습을 보며 자라났다. 아이들도 어느새 가족의 비밀과 거짓말에 동조자가 되어 있었다. 아버지의 알코올 중독 문제는 가족 모두가 알지만 그 누구도 드러내서 말하지 않는, 엄연히 존재하지만 마치 아무 문제도 없는 것처럼 지내는, 가족의 은밀한 비밀이 되었다.

이처럼 동반의존은 사랑에 기초한 관계가 아니라 두려움

에 기초해서 관계를 맺는 것이다. 우리는 누군가를 사랑하는 것과 두려워하는 것을 간혹 혼동할 때가 있다. 동반의존 관계에 있는 사람들은 사랑하기 때문에 상대방을 보살피는 것이라고 여긴다. 하지만 그것은 자신의 두려움을 피하려는 동기에서 나온 행동이다. 내 안에 거절에 대한 두려움이 있을 때, 나를 절대 떠나지 않을 것 같은 사람을 고르는 것이다. 건강하고 매력적인 사람은 나의 못난 모습을 보면 떠나 버릴 것 같아서 건강하지 않고 매력적이지도 않은, 누가 봐도 나보다 못한 상대를 선택한다. 이렇게 혼자 남게 되는 것을 두려워하면 겉으로는 상대방을 돌보고 헌신하는 것처럼 보이지만 상대방을 내가 없으면 안 되도록 만들어 놓는다.

동반의존은 악을 악이라고 직면하지 않음으로써 또다시 악을 낳기도 한다. 아들을 너무나 소중히 여긴 나머지, 자기 아들들의 죄를 모른 척 덮게 된다. 사랑이라는 미명하에 내 속에 있는 두려움을 감추고자 할 때 결과적으로 우리는 악을 낳게 된다. 어떤 어머니는 젊은 아들이 사업하다가 빚을 지게 되었을 때, 혹여나 그 아들이 돈을 갚느라 나쁜 짓을 하게 되지는 않을까, 혹여나 그 빚으로 인해 삶이 망가지지는 않을까 두려워서 대신 빚을 갚아 주었다. 어머니가 빚을 갚아 준 후에 아들은 그런 어머니에게 보답하기 위해 다시금 사업을 시도했고 또다시 빚을 졌다. 어머니는 동일한 이유로 아들 대신 빚을 또 갚아 주었고, 이러한 패턴은 그 아들이 중년이 될 때까지 반복되었다. 중독자인 배우자나 자녀 등이 고통당하는 것을 두려워할 때 우리는 사랑이라는 탈을 쓰고 동반의존이라는 덫에 빠진다.

하지만 죽어야 다시 살 수 있다. 잘못된 행동의 자연적 결과를 스스로 경험할 때, 그 행동이 죄라는 것을 깨달을 기회를 얻는 것이다. 그런데 아내가 남편의 중독 행동을 대신 감춰 주고, 부모가 자녀를 보호하기 위해 자녀의 잘못된 행동에 대신 책임을 진다면 이들은 독립성과 자율성을 성취할 기회를 잃어버릴 것이다. 결과적으로 자신의 두 발로 당당하게 서서 자신의 삶을 살 수 없다. 온전한 사랑이 두려움을 내쫓는다. 사랑은 두려움에 기초한 관계와 다르다. 이것을 깨달을 때, 우리는 두려움에 기반을 둔 관계를 끊어버리고 온전한 사랑에 기초한 관계를 맺을 수 있다.

"내가 없어서는 안 되는 존재. 나 없으면 안 되는 사람. 그 사람도 나 못지않게 삶을 살아갈 힘이 있습니다. 사실은 그 모든 게 내 불안이죠. 나의 불안을 버티고, 믿고 기다려 보는 것. 그것이 진정한 사랑이고 믿음이라는 점을 잊지 마세요."

두 손을 펼쳐서 놓아 주기

고슴도치의 겨울나기

이젠, 사람이 두렵기까지 해요. 다른 사람과 관계를 맺는 것이 나에겐 너무 힘든 일이 되어 버렸어요. 사람들과 도대체 어떻게 지내야 할지 모르겠어요…. 어렵게 마음을 열고 다가갔는데 상처를 받았고, 그래서 그게 두려워서 물러나 있으면 너무 외롭고…. 도대체 어떻게 해야 하는 건지 사람을 만나고 사귀는 게 너무 어렵고 혼란스러워요.

매우 추운 어느 날 밤, 고슴도치들이 추위를 피하려고 떼지어 몰려들었다. 추위를 피하기 위해 고슴도치들이 서로 가까이 붙을수록 상대의 뾰족한 가시에 찔려 고통스러웠다. 그래서 가시에 찔리지 않으려고 멀찍이 떨어져 자리를 잡으면 견디기 힘든 추위가 엄습해 왔다. 그래서 고슴도치들은 밤새도록 붙었다 떨어졌다를 여러 번 반복한 끝에 마침내 너무 아프게 찔리지도 않으면서 춥지도 않게 겨울밤을 견딜 수 있는 적당한 거리를 찾아냈다.

고슴도치들이 서로를 찌르지도 않고 그렇다고 너무 춥지도 않게 겨울밤을 지혜롭게 견뎌 낼 수 있었던 것은, '적당한 거리'를 찾아냈기 때문이다. 가족 상담에서는 사람과 사람 사이의 거리에 대해서 이야기한다. 이것을 흔히 '경계선 boundary'이라고 한다. 이 경계선은 간단히 말해서 세 종류로 나뉜다.

첫째는 '모호한 경계선ENMESHED, diffuse boundaries'이다. 경계가 너무 모호하고 명확하지 않아서 나와 타인 사이의 구분이 없는 상태이다. 이때는 경계 자체가 무너져 있어서 경계선이 제 역할을 하지 못한다. 예를 들어, 부모와 자녀 사이의 경계가 무너져 있는 경우이다. 자녀를 자기 자신의 연장선으로 보고 자녀가 성장했음에도 불구하고 놓아 주지 못하는 것이다. 또 다른 경우는 친구 같은 부모가 되고 싶다고 하면서 부모의 역할을 제대로 하지 못하는 것이다. 부모는 부모 자리에서 제 역할을 해 주어야 한다. 마찬가지로 자녀가 부모의 영역을 침범해서도 안 된다. 이러한 경계는 모든 대인관계에 적용된다.

우리는 사랑한다는 이유로 상대방을 조종하려고 하거나, 상대방이 내 마음을 나만큼 알아주지 않는다고 화를 내거나, 상대방의 모든 것을 내가 다 알아야 한다고 생각하기 쉽다. 한 사람과 또 다른 사람 사이에 있어야 할 최소한의 경계가 무너진 것이다. 꽉 움켜쥔 양손처럼 서로가 서로를 옭아맬 수 있다. 이것은 사랑이 아니라 통제이다.

지금 이 책을 읽고 있는 당신에게 가족이란 어떤 의미인가? 당신에게 가족이 무엇이라고 생각하느냐고 묻는다면 뭐라고 답하겠는가? 학생들에게 이 질문을 했더니 한 울타리, 한식구, 한솥밥, 한지붕이라는 대답이 주로 많이 나왔다. 즉, 하나라는 연결성이 공통점이었다. 이처럼 가족은 우리에게 안전한 울타리가 되어 주고 힘이 되는 근원이다. 하지만 또 한편으로 우리를 움직이지 못하게 만드는 올무가 되기도 한다. 부부 사이에도 살다 보면 어느 순간부터 관계가 점점 더 복잡해지고 내 목소리를 내는 게 점점 더 두려워진다. 내 목소리를 내고 내 감정을 이야기하면 상대방이 듣고 싶어 하지 않을지도 모른다는 두려움에서 내 목소리를 잠재우고 침묵하고 만다.

한편으로 이것은 우리 인격에서도 마찬가지이다. 한 사람의 인격 안에서도 온유와 겸손의 특성이 지나치게 성장해서 적극성이나 독립심과 같은 강인한 자질들이 발달하지 못하면 문제가 발생한다. 왜냐하면 이런 사람은 무력함 때문에 경계를 명확히 하지 못해 다른 사람이 침범하도록 허용하고 조종당할 것이기 때문이다.

둘째는 '경직된 경계선DISENGAGED, rigid boundaries'이다. 경계가 너무 경직되고 막혀 있어서 그 어떤 것도 드나들 수가 없는 상태이다. 경계가 너무 딱딱해져 있으면 서로가 교류할 수 없다. 자유롭게 드나들 수가 없어 의사소통이 단절된다. 남편과 아내 사이에, 부모와 자녀 사이에 경직된 경계선은 서로를 너무 외롭게 만든다. 수십 년을 함께 살면서도 교감이 전혀 없는 관계가 있을 수 있다. 한집에 살고 있는 부부이지만, 어느 순간부터 마음속의 이야기를 상대방에게 할 수 없다. 내 감정을 상대방에게 말해도 들어주지 않을 것 같아서 마음속의 목소리를 잠재우고 각자 다른 관심사를 찾아 나간다. 한집에 살고 애도 같이 키우고 9시 뉴스도 같이 보고 명절에 고향에도 같이 가지만, 실상 두 사람의 마음의 모습은 등을 돌리고 있는 것과 같다. 이처럼 서로의 관계가 경직된 채로 평생을 한집에 살면서도 교감 없이 살아갈 수 있다.

사람의 인격에서 적극성과 독립성은 그 자체로는 좋은 자질이지만, 이런 특성만 지나치게 발달해서 다른 쪽에 있는 자질인 사랑, 온유, 겸손 등이 성장하지 못하면 균형을 잃고 문제를 일으킬 수 있다. 이 경우에는 독단적이고 일방적으로 다른 사람의 영역을 침범하게 된다.

또 때로는 나 자신의 삶을 살 자신이 없어서, 내가 너무 초라하고 싫어서 다른 사람 뒤에 숨은 채로 삶을 살아가기도 한다. 남편은 목소리가 크고 힘도 있다. 그래서 부인의 목소리는 점점 작아지다 결국 완전히 사라져 버린다. 때로는 부인이 너무 강하고 경제권도 쥐고 있어서 남편이 쪼그라들다 결국 존재감이 완전히 사라져 버리기도 한다. 그러면서 아내는 "내가 다 해야 해? 돈 버는 것도 힘든데 애들 먹는 것도 학교 가는 것도 내가 다 챙겨야 해? 당신은 아무 짝에도 도움이 안 돼"라고 말한다. 또 어떤 경우에는 애들이 점점 커지고 강해져서 부모는 쪼그라들다 결국 아이들이 온 집안일을 주도하기도 한다.

잘 아는 권사님을 오랜만에 만나 반갑게 인사를 여쭈었다.

A: 요즘 어떻게 지내세요?

B: 아, 우리 남편이 이번에 승진했어요.

A: 그러시군요, 축하드려요! 그런데 요즘 어떻게 지내세요?

B: 이번에 우리 애가 좋은 대학에 갔어요.

A: 아, 그러시군요, 그래서 권사님은 어떻게 지내세요?

B: (당황하며, 말이 없다)

이 권사님은 남편과 아들의 삶을 살면서, 정작 자신의 삶을 살지 않고 있었던 것이다.

셋째는 '명확한 경계선CLEAR boundaries, normal range'이다. 명확한 경계선을 가진 가족은 각자가 자율적이고 독립적이면서도 필요할 때면 언제나 서로 지지하고 협동한다. '나'를 잃지 않는 '우리'가 되는 것이다.

이처럼 모호하지도 않고 경직되지도 않은 명확하고 건강한 경계선을 유지하기는 쉽지 않다. 사람과 사람 사이의 대부분의 문제들이 이러한 거리 조절 실패가 원인인 경우가 많다. 어떻게 하면 너무 느슨하지도 않고 또 너무 딱딱하지도 않은 경계선을 가질 수 있을까 생각하다가 한 편의 광고가 떠올랐다. 혹시 기능성 의류 광고를 본 적이 있는가? 등산복이나 스키복 등의 기능성 의류는 특수한 천으로 만들어진다. 그래서 이 의류 광고에서는 "땀은 배출하고 물은 막아 준다!"라는 카피를 내세운다. 기능성 의류는 기가 막힌 경계선을 갖고 있기 때문에 땀을 배출할 수 없을 만큼 경직되어 있지도 않고, 물을 막아 내지 못할 만큼 열려 있지도 않다는 것이다. 이러한 기능성 의류와 같이 때로는 허용하고 때로는 차단하는 지혜롭고 유연한 경계선은 부모가 자녀를 키울 때 무엇보다 중요하다. 좋은 부모는 자녀를 망가뜨릴 만큼 규율이 없지도 않고 그렇다고 작은 실수도 용납하지 못할 만큼 경직되어 있지도 않다.

우리는 자신의 두 다리로 서는 법을 배워야 한다. 그리고 두 손을 펼치는 법을 배워야 한다. 이렇게 하고자 할 때 다른 사람의 허락을 받을 필요는 없다. 그저 스스로 자기 자신에게 "그래"라고 하고 성장하면 되는 것이다. 나는 나 자신에게 성장해도 좋다는 허락을 스스로 하고 있는가?

'내가 원하는 대로 내 남편을 바꿔야겠어, 내 아이를 내가 원하는 방향으로 키우겠어.' 이것은 상대방의 경계를 침범하고 내 손으로 움켜쥐고 흔드는 것이다. 이는 불가능한 일이다. 그러니 포기하자. 간섭하지 않고 알아서 성장하도록 두는 것이 필요하다. 우리는 리모컨을 가지고 내가 버튼을 누르는 대로 상대방이 반응하면 모든 것이 잘되고 있다고 생각한다. 사랑이라는 미명으로 "이게 다 너를 위해서 그러는 거야. 너 그렇게 하면 안 돼, 내가 말하는 대로 이렇게 해야 해"라고 강요하기가 쉽다.

흔히 부모들은 아이들이 원하는 것보다 너무 많은 걸 바라고 통제한다. 자기 아이의 경계를 너무 쉽게 침범한다. 이제 아이들을 쥐락펴락하면서 통제하려는 것을 그만두어야 한다.

경계가 너무 경직되어 있고 등 돌린 두 사람은 천천히 몸을 돌려 상대에게 다가가서 먼저 등을 톡톡 치면서 "미안해요, 내가 너무 오랫동안 당신에게 등 돌리고 있었어요. 무시해서 미안해요. 함께 살면서도 당신 곁에 있어 주지 못한 무정한 존재였어요. 이제 우리 사이에 마음을 나누는 대화가 있으면 좋겠어요"라고 말하며 용기를 내서 먼저 손을 내밀 수 있다.

상대의 경계를 침범해서 상대방을 꽉 쥐고 있었다면, "여보, 이게 나한테는 힘이 들어. 나 이제 조금만 뒤로 물러서야 할 거 같아. 그렇다고 해서 당신에게서 멀어지는 게 아니야. 여전히 당신을 사랑해. 하지만 당신의 삶을 내가 내 손에 쥐고 있는 것 같아. 당신의 삶은 당신 손에, 내 삶은 내 손에 있어. 물론 당신이 나에게 기댈 수도 있고 나도 외로울 때 당신에게 기댈게. 당신을 사랑하지만 통제하지는 않을게"라고 하며 놓아줄 수 있다.

상담자가 건네는 말

우리는 유연함과 강인함을 동시에 가질 수 있다. 시행착오를 거쳐 가장 적당한 거리를 찾아낸 고슴도치들처럼, 지금은 비록 좌충우돌하고 있지만 우리는 모두 부모와 자녀 사이에, 남편과 아내 사이에, 나와 너 사이에 적절한 거리를 찾고 우리 내면에서는 온유와 겸손, 적극성과 독립심 사이에서 적절한 균형을 찾을 수 있다.

우리의 치유와 회복은 책임에서 시작한다. 다른 사람을 원망하고 비난하면서는 결코 성장할 수 없다. 나의 과거를 원망하고, 나의 부모를 원망하고, 다른 사람을 원망하고 탓하는 상황에서는 결코 성장이 일어나지 않는다. 우리는 자신의 두 발로 설 수 있어야 한다. 그리고 성장해야 한다. 나아가 상대방을 있는 그대로 받아들이고 사랑할 수 있어야 한다. 어느 팝송 가사처럼 말이다.

"I Love you just way you are."

"나는 당신 있는 그대로를 사랑합니다. 리모컨처럼 내 손에 쥐고 조종하지 않겠습니다."

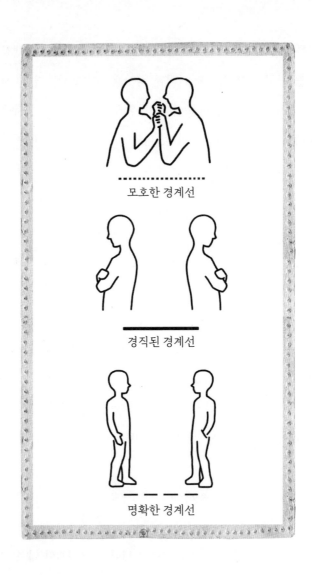

모호한 경계선

경직된 경계선

명확한 경계선

* 기본개념 참고도서
  정문자 외(2012). 《가족치료의 이해》. 학지사.
  Pietsch, W. (2004). *Human BE—ing*. Trafford.

상담자가 건네는 말

아주 작은 차이, 그러나 큰 차이

주변에 보면, 그 사람만 모를 뿐이지 주변 사람은 다 알고 있는 그런 거 있잖아요. 주위에 친구들은 몽땅 다 아는데 정작 그 친구만 모르고 있는 거 말이에요. 다른 사람에게는 뻔히 보이는데 마치 눈이 멀어 버린 것처럼 자기 자신의 모습은 보지 못하는 거죠. 참 웃겨요. 우리 눈에는 다 보이는데 그 친구는 자기가 그렇게 한다는 걸 몰라요. 그렇다고 그걸 말해 주기도 참 애매하고요….

자신을 가장 모르는 사람이 정작 자기 자신일 때가 있다. 우리는 종종 다른 사람이 공통적으로 인정하는 장점을 정작 자신이 인식하지 못하거나, 다른 사람이 공통적으로 지적하는 단점을 정작 자기 자신만 받아들이지 못한다.

내가 아는 두 남자가 있다. 나는 그 두 남자를 보면서 참 많은 생각을 한다. 먼저 남자 A에 대해 이야기하자면, 이 사람은 노래방에만 가면 노래 제목 책을 펼칠 것도 없이 자기가 즐겨 부르는 노래의 번호를 바로 누른다. 이 사람이 즐겨 부르는 노래는 우리나라 최초의 댄스가수(?)라고 할 수 있는 박남정의 〈널 그리며〉라는 노래이다. 일단 A가 노래를 시작하면 그 자리에 있던 모든 사람들이 쓰러져 버린다. 왜냐하면 해도 해도 어쩜 그렇게 노래를 못하는지 자기 나름대로 최선을 다해서 노래하고 춤을 추는데 제대로 맞는 건 가사 하나밖에 없다. 그 모습이 어찌나 웃긴지 A가 노래를 시작하면 주변에 있는 모든 사람이 배꼽을 잡고 뒹군다.

자, 그럼 또 다른 남자 B에 대해 이야기해 보자. 이 사람은 노래방에 가면 주로 발라드풍의 노래를 부른다. 사람마다 즐겨 부르는 레퍼토리가 있듯이, B는 주로 조용하게 전개되다가 클라이맥스 부분에 고음이 나오는 그런 노래를 불렀던 것 같다. 그런데 문제는 B가 노래를 시작하면 그 자리에 있던 모든 사람들이 긴장을 하는 것이다. 왜냐하면 조심조심 잘 부르다가 결국에는 고음이 나오는 뒷부분에 가서는 일명 '삑사리'를 내기 때문이다. 그럴 때면 모두들 어떤 표정을 지어야 할지 서로 눈치를 보며 불편해한다. 그러다가 B가 노래를 마치면 다들 "휴~" 하며 가슴을 쓸어내린다.

상담자가 건네는 말

이 두 남자의 공통점은 둘 다 노래를 못한다는 것이다. 그런데 이 둘을 대하는 주변 사람들의 반응은 매우 큰 차이가 있다. A는, 친구들이 노래방 갈 일이 있을 때마다 꼭 데리고 가고 싶어 한다. 만약 A가 잠을 자고 있으면 억지로 깨워서라도 가자고 하고, 돈이 없어서 안 간다고 하면 대신 돈을 내줄 테니 제발 같이 놀자고 한다. 하지만 B는 아무도 함께 어울리고 싶어 하지 않는다.

A와 B의 차이점은 어디에서 나오는 것일까? 객관적으로 보자면 오히려 B가 노래는 훨씬 잘하는데 왜 사람들은 A와 같이 어울리고 싶어 하면서도 B는 피하는 것일까? 나는 이 둘을 관찰하면서 두 사람의 차이점을 발견했다. 예를 들어, A는 주변 친구들이 "야, 너 노래를 어쩜 그렇게도 못하니?"라고 놀려 대면, 이 사람은 "야, 노래 좀 못하면 어떠냐, 그냥 신나게 놀면 되는 거지"라고 하면서 정말 신나게 논다. 그런데 B에게는 아무도 그런 말을 하지 못한다. 아무도 B의 노래에 대해서 드러내어 말하지 않지만 B가 노래를 못한다는 것을 그 자신도 알고 우리도 안다.

그럼 A와 B에 대해서 한번 생각해 보자. 우리가 A를 좋아하는 이유는 무엇일까? 그것은 이 사람이 편하기 때문이다. 그렇다면 A의 편안함은 어디에서 오는 것일까? 그것은 자기 자신을 있는 그대로 받아들였기 때문이다. 다시 말해서, A는 자신이 노래를 못한다는 것을 알고 있을 뿐만 아니라 자신의 결점을 있는 그대로 수용한다. 그렇기 때문에 친구들이 놀려도 편안하게 받아넘기면서 있는 그대로의 자기 모습으로 존재할 수 있는 것이다. 그런데 B는 자신의 단점을 숨기려고만 한다. 참으로 재미있게도 단점은 숨기려고 하면 할수록 더 도드라져 보인다. 일상의 사소한 예를 한번 생각해 보자. 하필이면 중요한 미팅을 앞두고 이마 한가운데 뾰루지가 났다고 하자. 그럴 때면 뾰루지를 들키지 않으려고 화장으로 덮기도 하고 또 손으로 감추려고 한다. 그럴 때 우리 행동은 무척 부자연스러워진다. 자꾸만 이마에 손을 올리는 행동을 하면 상대방은 오히려 이마에 더 주목하고 뾰루지를 더 잘 발견하게 되는 결과를 가져온다. 실제로 사람들은 남의 얼굴에 그리 큰 관심이 없다(모두들 자기 얼굴에 관심을 쏟느라 남의 얼굴을 볼 겨를이 많지 않다). 그런데 부자연스러운 행동이 오히려 단점을 더 두드러져 보이게 만드는 것이다.

재미있는 심리적 원리 하나는, '사람들은 내가 나를 받아들인 만큼 나를 받아들인다'는 것이다. 즉, 내가 나를 수용한 만큼 상대방도 나를 수용할 수 있다는 것이다. A는 자신의 단점을 있는 그대로 인정하고 받아들였기에 주변 사람들도 A의 단점을 편안하게 받아들일 수 있었고, 반면 B는 자신의 단점을 숨기려고 애를 썼고, 스스로 받아들이지 않은 단점을 주변 사람들도 받아들일 수 없었던 것이다.

우리는 아무런 단점도 없는 완벽한 사람을 좋아하지 않는다. 오히려 단점이 있지만 그것을 편안하게 여기며 있는 그대로 자신의 모습을 내놓는 사람을 좋아한다. 왜냐하면 우리 모두 자기 자신이 완벽하지 않다는 것을 알기 때문에 '이 사람이 자신의 단점을 이렇게 편안하게 받아들이고 내놓을 수 있다면 나의 단점도 있는 그대로 수용해 줄 것'이라는 기대를 할 수 있기 때문이다.

또한 우리가 A를 좋아했던 이유는 A가 우리에게 즐거움을 주었기 때문이다. 누구든 재미있는 사람, 유머가 있는 사람을 좋아한다. 그렇다면 그 유머는 어디에서 오는 것일까? 유머는 여유에서 나온다. 그렇다면 여유는 어디에서 오는 것일까? 심리적 여유는 자신을 있는 그대로 받아들이는 것에서 시작된다. 못생긴 얼굴로 웃기는 개그맨들이 있다. 만약 그 사람들이 자신의 단점을 감추고 잘생긴 것처럼 보이려고 애를 쓴다면 어떨까?

우리가 무엇인가를 감추려고 애쓸 때, 심리적 에너지의 상당량을 쓰게 된다. 이처럼 어떤 것을 감추거나 억압하는 데 심리적 에너지를 많이 소모하면 자투리 에너지로 나머지 일을 할 수밖에 없다. 그렇게 되면 여유가 없어지고 주변 환경이나 상대방을 살필 여력이 남지 않는다. 에너지가 온통 자기 자신에게 묶여서 자신의 단점을 감추는 데 소진되기 때문이다. 혹시 늘 뭘 하든 쉽게 피곤해지고 뭔가 새로운 일을 할 만한 에너지가 없는가? 그렇다면 자신을 감추는 데 묶여 있는 에너지를 풀어내야 한다.

다른 사람 앞에서 무언가를 감추려고 할 때 우리는 긴장하고 적절하게 행동할 수 없다. 일반적으로 상담을 통해서 내담자가 궁극적으로 도달해야 하는 목표는 참으로 아이러니하게도 '자기수용self acceptance'이다. 상담을 통해서 내담자가 자신을 있는 그대로 수용하면 그 상담은 성공한 것이라고 볼 수 있다. 우리 모두 자신을 있는 그대로 받아들이기가 왜 그렇게도 어려운 걸까.

칼 로저스Carl Rogers는 인간중심 상담이론person centered counseling에서 '이상적 자기ideal self' 모습과 '현실적 자기real self' 모습이 불일치하고 그 간격이 커질 때 심리적 어려움을 겪는다고 설명한다. 참으로 아이러니한 것은, 내가 있는 그대로 나의 모습을 받아들일 때 비로소 내가 변화할 수 있다는 점이다.

그렇다면 우리는 왜 그리도 감추려고 하는 것일까? 우리가 무언가를 감추려고 하는 것은 두렵기 때문이다. 나의 약점이나 단점이 드러나면 상대방이 나를 싫어하거나 거절할까 봐 두렵기 때문에, 사랑받고 수용되고 싶어서 애쓰는 것이다. 살아오면서 약점 때문에 배척당하거나 미움받았던 경험이 너무나 쓰라리게 남아 있기 때문이기도 하다. 이처럼 우리는 누군가에게 사랑받고 싶을 때 더 잘 보이고 싶어서 자신의 모자란 점을 감추려고 노력한다. 그러나 진정한 사랑은 그러한 노력조차도 무색하게 만든다. 진정한 사랑은 우리의 모든 애씀과 방어를 무너뜨리고 마음의 빗장을 열게 한다.

두려움에서 자유로워질 때 우리는 진정한 자기 자신이 될 수 있고, 주변 사람들과 좋은 관계를 맺을 수 있고, 상황에도 적절하게 대처할 수 있다. 더 이상 감추는 것이 없을 때 자유를 느낄 수 있다. 내 맘에 걸릴 것이 하나도 없는 상태, 내가 더 이상 뭔가를 감추고 내놓지 않으려고 애쓰지 않아도 될 때 우리는 진정한 평안함을 느끼고 즐길 수 있다.

"우월감과 열등감은 같은 뿌리에서 나옵니다. 나는 다른 사람을 깔봐도 될 만큼 특별하지도 않고, 그렇다고 다른 사람이 무시해도 될 만큼 하찮지도 않습니다."

2^부

———— ◆ ————

변화하기

무엇이 트라우마인가?

저는 지금 제가 왜 힘든지를 알아요. 그때 그 일만 없었더라면… 저는 지금과 다르게 살 수 있었을 거예요. 그때로 돌아갈 수만 있다면, 그곳에 가지 않았으면 좋았을 텐데….

저는 눈을 감아도 허무하고 눈을 떠도 허무해요. 왜 그런지 모르겠어요. 그냥 사는 게 안개가 낀 거 같고 알 수 없는 외로움이 나를 덮고 있어요. 딱히 하고 싶은 것도 없고 좋을 것도 없고요.

여러분은 다음 상황 중 어떤 것을 트라우마라고 생각하는가? 첫 번째 상황은 쓰나미가 몰려와서 도시 전체가 물에 잠겼다. 두 번째 상황은 강도 높은 지진이 발생해서 수많은 집과 건물이 무너지고 많은 사람이 목숨을 잃었다. 세 번째 상황은 대형 산불이 발생해 인근 마을까지 덮쳐서 수많은 나무가 타고 많은 사람이 죽었다. 네 번째 상황은 여섯 살짜리 꼬마가 놀이터에서 놀다가 넘어져서 바지에 구멍이 나고 무릎에 상처가 났다.

첫 번째 상황은 트라우마인가? 그렇다. 두 번째와 세 번째 상황은 어떠한가? 이것도 트라우마이다. 그렇다면 네 번째 상황은 트라우마라고 인정할 수 있는가? 대부분의 사람들이 첫 번째와 두 번째 그리고 세 번째 상황까지는 이구동성으로 트라우마라고 수긍한다. 하지만 네 번째 상황에 대해서는 트라우마라고 인정하지 않는다. 우리는 신문 1면을 장식할 만한 재앙이나 큰 사건일 때 트라우마가 될 수 있다고 생각한다. 이런 생각에는 트라우마를 사건의 크기, 즉 문제가 얼마나 큰가에 따라 판단하는 기준이 내재해 있다. 그러나 우리 속에 숨어서 현재로 파고드는 과거의 고통, 삶에서 우리를 괴롭히는 심리적 트라우마는 좀 다르다.

현재의 어떤 단서(예를 들어, 어떤 환경 자극이나 관계 양상 등)가 트라우마 기억을 건드리면(흔히 말하는 빨간 단추를 누르면), 우리 안에 숨어서 보이지 않고 미해결되었던 독성이 빠져나와서 스스로 인식하든 인식하지 못하든 상관없이 현재 느끼고 경험하는 것의 한 부분이 된다. 제대로 처리되지 않은 외상적 기억이 현재 속으로 튀어나오면 불안 장애, 외상 후 스트레스 장애, 우울증, 섭식 장애, 원인을 알 수 없는 신체 증상들, 잘못된 부모 역할, 비합리적 신념과 인지적 오류, 잠재력이 발휘되는 것을 막는 등의 여러 가지 문제를 겪는다. 무엇보다 가장 빈번하게 나타나는 문제는 관계가 악화되거나 관계에서 갈등을 일으키는 것이다. 예를 들면 가정 불화, 부부 갈등, 친구 및 직장 동료 간 갈등, 고용주와 피고용인 간 갈등, 남녀 대립, 종족 간 갈등에 이르기까지 다양한 방식으로 나타날 수 있다.

트라우마의 영향이 이렇게 보편적일 수 있다는 것이 언뜻 이해되지 않을 수도 있다. 왜냐하면 우리는 흔히 외상을 경험한 사람들은 마약 중독이나 심한 알코올 중독, 우울 등 심각한 정신적 문제를 경험할 것이라고 예상하기 때문이다. 하지만 트라우마의 영향력은 우리가 명시적으로 알아차리지 못할 만큼 미묘하게 나타나는 경우가 많다. 예를 들어, 해야 할 일이 있는데도 TV 드라마를 밤새도록 본다거나, 시험을 앞두고 게임에 몰두한다거나, 배가 고프지 않을 때도 지속적으로 간식을 먹는 등의 증상이 있을 수 있다. 뭐라고 딱 꼬집어 말하기 어려운 공허함과 외로움, 그리고 원인을 알 수 없는 불안과 불만 등이 있을 수 있다. 다른 사람들의 기대만큼 해낼 수 없을지도 모른다는 두려움으로 생긴 만성적 불안 때문에 편두통에 시달리거나 수면장애가 있을 수도 있다. 또는 자녀들을 공부나 성공으로 몰아붙이거나, 자기 자신을 일에 파묻혀 살게 하거나, 자신은 제대로 돌보지도 않은 채 봉사활동에 몰두할 수도 있다.

트라우마에는 두 종류가 있다. 첫 번째는 B 유형Bad things happen 트라우마인데, 무언가 나쁜 일이 일어나는 것이다. 예를 들어, 신체적 폭력이나 성폭력 등의 의도적 학대가 행해지는 경우이다. 이것은 일어나지 않았으면 좋았을 나쁜 일이 일어난 것이다. 뭔가가 가해지고 발생한 것이다comit. 두 번째는 A 유형Absence of good things 트라우마인데, 꼭 있어야 할 좋은 것이 결여된 경우이다. 예를 들어, 방치나 방임 등의 수동적 학대의 형태이다. 이것은 의도하지는 않았다고 하더라도 동일하게 트라우마로 작동하는 것으로 무언가가 빠진 것이다omit. 즉, 의도했든 의도하지 않았든 트라우마가 될 수 있고, 능동적이었어도 수동적이었어도 트라우마가 될 수 있으며, 무언가가 더해진 것도 빠진 것도 트라우마가 될 수 있다.

하지만 트라우마의 가장 중요한 기준은, 사건 자체의 종류나 문제의 크기가 아니라 '어떤 사건이나 일이 잘못된 방식으로 처리된 것'이다. 왜냐하면 아무리 고통스러운 어떤 일을 겪었어도, 좋은 방식으로 처리되면 외상 후 성장을 할 수 있지만 나쁜 방식으로 처리되면 외상적 기억으로 남기 때문이다.

칼 레만Karl Lehman이 제안하는 방식으로 구체적 사례를 통해 생각해 보도록 하자. 먼저, 사건이 좋은 방식으로 잘 처리된 경우를 생각해 보자. 아이가 놀이터에서 놀다가 넘어진 사건이 어떻게 다르게 처리될 수 있을까? 유치원생 아이가 아빠가 새로 사 준 청바지 입고 놀이터에 나가 놀다가 넘어져서 무릎이 깨졌다. 아이가 울며 집으로 들어오면 어떻게 하겠는가? 일단 아이를 안아서 진정시킨 후, 아이를 바라보고 관심을 가지고 이야기를 듣는다. 아이는 자기보다 큰 아이들과 놀이를 하다가 넘어졌던 이야기를 무용담처럼 이야기한다. 엄마는 아이와 함께 있음을 기뻐한다. 그리고 다친 곳의 상처를 치료해 주고, 찢어진 청바지를 고쳐 주겠다고 한다. 또한 운동을 할 때는 운동복으로 갈아입어야 한다고 알려줄 수도 있다. 무엇보다도 자기보다 큰 아이들과 어울려 논 것에 대해 자신감을 일깨워 주는 것도 잊지 않는다. 이 모든 것이 마무리되면, 아이의 손을 잡고 데리고 나가서 더 놀 수 있도록 격려해 준다.

이러한 대응 방식은 아이를 위로하고, 연결된 느낌을 주고, 이해해 주고, 더 나은 사람으로 자랄 수 있도록 경험의 의미를 해석해 주는 과정이다. 이 일을 통해 이 아이는 어려울 때 누군가 도움을 준다는 것을 경험하고 무엇보다 자신의 잘못을 용서받는 은혜의 경험을 했다.

다음으로, 사건이 좋지 않은 방식으로 잘못 처리된 경우를 생각해 보자. 엄마가 이미 자신의 삶의 문제로 지쳐 있어 만사가 귀찮은 상태일 때 다음과 같이 반응할 수도 있다. "또 뭐야? 엄마 좀 가만둘 수 없어? 넌 맨날 그렇게 엄마를 힘들게 하니? 잘했다 잘했어, 아빠가 힘들게 돈 벌어 사 준 건데 그걸 그새 찢어먹고, 벌로 찢어진 바지 일주일간 입고 다녀." 작은 일상의 기억일 수 있지만, 이 일을 통해 아이는 앞으로 모험을 시도하려고 하지 않고 누군가 화낼 만한 시도를 하지 않을 수 있다. 또한 해결하기 어려운 문제를 만나도 다른 이에게 도움을 청하지 않을 수 있다. 책망 받을까 봐 두려워하는 마음이 생겼기 때문이다.

여기서 알아 두어야 할 것은 심리적 트라우마는 결코 자연쇄앙, 전쟁, 학대와 같은 엄청난 고통의 경험을 겪은 사람들만이 갖는 특별한 현상이 아니라는 사실이다. 오히려 심리적 외상은 작은 고통의 사건에서 시작되는 경우가 많고, 우리 중 누구도 미해결된 외상적 기억에서 완벽하게 자유로울 수는 없다.

지금까지 살펴본 것처럼, 일상의 작은 경험이라고 할지라도 잘 처리되지 않으면 독성을 지닌 외상이 된다. 이러한 외상적 경험은 과거의 기억과 연결되는 단서를 만나면 고통을 재경험한다. 트라우마는 고통을 처리하는 과정에서 실패하는 것이라고 할 수 있다. 고통의 처리 과정을 성공적으로 지나가도록 도와줄 사람이 아무도 없는 채 어린 시절을 보내고, 그 고통스러운 경험이 성격의 연약한 부분을 심각하게 위협했다면 사소한 사건이라도 외상적 경험으로 자리 잡는다. 다만, 외상적 경험은 명시적으로 기억할 수도 있지만 사건의 발단이 되는 그 경험 자체를 전혀 알아차리지 못할 때도 있다.

삶에서 고통을 만날 때면, 우리의 뇌와 마음 그리고 영혼의 체계brain-mind-spirit system는 고통 경험을 처리하려고 시도

한다. 이때 고통이 잘 처리되기 위해서는 애착 경험이 내재화된 상태에서 관계 안에 연결되어 만족스러운 상태로 그 상황을 빠져나간 후에 해당 경험을 바르게 해석해 내는 것까지 완수해야 한다. 하지만 안타깝게도 우리가 당면한 여러 가지 문제와 한계는 고통의 성공적인 처리를 가로막는다. 이 과정을 성공적으로 마무리할 수 없을 때 고통 경험은 외상적 경험으로 자리잡고서 우리 뇌, 마음 그리고 영혼에 독성을 가진 쓴 뿌리로 남는다. 이러한 쓴 뿌리의 대표적인 결과는 용서하지 못하는 것이다.

문제의 열쇠는 '함께하느냐 함께하지 못 하느냐'이다. 아무리 큰 사건이라고 하더라도 그 사건을 겪을 때 주변에 안정된 관계가 있으면 트라우마로 남지 않을 수 있다. 반대로 함께하는 사람 없이 혼자 그 일을 겪어야 한다면 그것이 아주 작은 일이라고 해도 트라우마로 남을 수 있다.

우리가 관계에서 해야 할 일이 있다면, 그것은 함께해 주는 것이다. 그렇다면 함께해 준다는 것은 어떻게 하는 것일까?

상담 장면에서 상담자가 내담자에게 가장 심혈을 기울이는 작업이 조율attunement하는 것이다. 조율하기 위해서는 네 가지가 필요하다. 보고, 듣고, 얼마나 고통스러운지 이해하고, 돌봐 주는 것이다. 부모가 아이와의 관계에서, 우리가 서로의 관계에서 해 주어야 하는 일도 바로 이러한 네 가지이다.

다만 이즈음에서 이런 생각을 할 수도 있다. 나는 어린 시절에 좋은 경험을 하지 못했는데 어쩌지? 우리 부모는 나에게 그런 경험을 주지 못했고 지금도 그런 것을 기대도 할 수 없는데 어쩌란 말이지? 우리 부모는 벌써 돌아가시고 안 계신데? 우리 아이들은 이미 다 커 버렸는데? 나는 아이의 우뇌가 발달하도록 키우지 못했는데 어쩌지? 이제 더 이상 뇌 발달을 시킬 수 없는 것인가?

이와 관련해서 나쁜 소식과 좋은 소식이 있다. 나쁜 소식은 한번 잘못되면 복구할 수 없다는 것이다. 잘못 연결된 신경망을 바꿔 끼우거나 고치는 것은 거의 불가능하다. 다만 좋은 소식은 고치는 것은 불가능하지만 새 길을 낼 수 있다는 것이다. 우리 뇌에는 언제든 새 길이 생길 수 있다. 물론 유아기에 가장 큰 기회가 있고 청소년기에 또 한 번

기회가 찾아오기 때문에 그 시기를 잘 활용해야 하지만, 우리가 살아가는 동안 우리 뇌에 언제든 새 길을 낼 수 있다. 이제부터 시작해도 된다. 우리 뇌에 새 길을 내는 가장 중요한 것은 함께함을 기뻐하는 것이다.

언제나 회복은 나 자신에서 시작된다. 상담 강의를 하고 나면 주로 이런 말을 듣는다. 진작 이 강의를 들었더라면, 진작 이런 걸 알았더라면 우리 애를 더 잘 키웠을 텐데 후회가 된다고 말이다. 대부분 상담 관련 강의를 하고 나면 많은 사람이 배운 것을 자기 아이에게 적용하려고 든다. 하지만 내가 먼저 해야 한다. 예를 들어 보자. 비행기를 타면 출발하기 전에 비행기 비상 상황에 대처하기 위한 안전 매뉴얼을 알려준다. 기내 산소가 부족해지면 머리 위에서 산소 마스크가 내려온다. 그렇다면 이때 어른과 아이 중 누가 먼저 산소 마스크를 써야 할까? 우리는 상식적으로 연약한 아이들에게 먼저 마스크를 씌우고 그다음에 어른이 써야 한다고 생각한다. 하지만 위급 상황 대처 매뉴얼에서는 어른부터 마스크를 쓰고 난 다음에 아이에게 씌우라고 한다. 이것은 기내 비상 상황에만 적용되는 것이 아니라 관계의 문제에도 적용된다. 도움을 주고자 하는 사람이 먼저 정상적으로 회복되어 있어야 한다. 산소 마스크를 내가 먼저 써야 한다. 즉, 내가 먼저 변해야 한다. 내 아이에게 적용하기 전에 나와 내 부모의 문제에 먼저 적용해야 한다. 나와 내 부모 사이의 문제가 먼저 풀려야 내 아이에게 잘못된 유산을 물려주지 않을 수 있다. 윗물이 맑아야 아랫물이 맑다. 나와 내 부모의 관계 문제가 청산되면 그 변화의 이득은 자연스럽게 아이들에게 흘러가게 되어 있다. 상담자들이 이구동성으로 하는 말이 있다. "모든 아동의 문제는 모든 부모의 문제이다." 우스갯소리로 〈우리 아이가 달라졌어요〉라는 프로그램의 제목을 〈우리 부모가 달라졌어요〉로 바꿔야 한다고 이야기하기도 한다. 그렇다! 모든 변화는 나로부터 시작된다.

"혹시 내가 겪은 일에 대해서 '에이, 다들 그러고 살았는데 뭐…' 이렇게 넘기며 살아오셨을까요? 그렇게 스스로를 다독이며 지금까지 버텨 오신 것 정말 잘 하셨습니다. 애쓰셨습니다. 그러니 이제는 조금은 힘들었다고 인정해도 괜찮습니다. 이제 당신은 고통을 받아들여도 무너지지 않을 만큼 힘이 있습니다."

* 기본개념 참고도서

Lehman, K. (2011). *Outsmarting Yourself: Catching Your Past Invading the Present and What to Do about It*. This Joy! Books.

보이는 것과 보이지 않는 것

진로 문제 때문에 상담을 좀 받으려고요. 이제 4학년이고 해서 취직을 할까 대학원을 가야 할까 이런저런 생각도 들고요.

⋮

네, 오늘 감사합니다. 다음에 뵐게요. 선생님. 사실은요, 제가 궁금한 게 있는데요….

이 세상에는 눈에 보이는 것과 눈에 보이지 않는 것이 있다. 우리가 주목해야 하는 것은 보이는 것이 아니라 보이지 않는 것이다. 왜냐하면 보이는 것 이면에는 보이지 않는 것이 있고, 보이지 않는 것이 보다 본질적이며, 또 삶에서 정말 중요한 것은 정작 눈에 보이지 않기 때문이다. 우리는 진정 중요한 것이 왜 눈에 보이지 않느냐고 의아해하는데 그 이유는 눈으로만 보기 때문이다. 눈으로 보고 싶은 것만 보려고 하기 때문이다.

상담자가 건네는 말

나의 전공은 상담인데, 상담을 공부하는 사람들은 특히 눈에 보이지 않는 것을 볼 수 있어야 한다고 믿는다. 내가 처음 상담을 배울 때는 우울한 사람들을 만나면 그들이 무기력하기만 하다고 생각했다. 우울한 사람들이 드러내는 주된 증상은 말수가 적고 의기소침하고 느리기 때문이다. 멍하고 무력해 보이는 그들의 겉모습을 보면서 우울한 사람들은 에너지가 거의 없는 사람들이라고 여겼다. 하지만 상담을 하면서 깨달은 것은 우울한 사람들의 겉으로 드러나는 무기력 밑에는 보이지 않는 엄청난 분노가 숨어 있다는 사실이었다. 물결조차 일지 않는 고요한 호수처럼 보이는 잔잔한 우울함 아래에는 감당할 수 없는 거대한 분노의 파도가 폭발하지 못한 채 억눌려 있었다. 그뿐만 아니라 화를 내는 사람을 볼 때면 그들이 드러내는 거친 말투와 행동 때문에 그들이 힘이 많은 사람들이라고 생각했다. 하지만 겉으로 드러나는 분노 이면에는 말할 수 없는 두려움이 숨어 있었다.

이처럼 우리는 절망한 사람 속에서 오히려 더 크게 꿈틀거리는 성공하고자 하는 열망을 보아야 하고, 비행 행동을 일삼는 문제 청소년들 내면에 감추어진 좌절된 꿈을 볼 수 있는 능력이 필요하다.

직장생활을 하는 사람들이 다니던 직장을 그만둘 때 그 이유를 들여다보면, 대부분 일이 힘들어서 회사를 그만두 기보다는 관계가 힘들어서 그만두는 경우가 많다. 눈앞에 쌓여 있는 눈에 보이는 일의 스트레스보다 동료들의 차별 과 따돌림이 더 견디기 힘들기 때문이다.

따라서 어떤 사람을 진정으로 이해하기 위해서는, 명시 적인 행동이나 뚜렷한 말로 드러내지 않고 눈에는 잘 보이 지 않는다고 하더라도 그 사람의 보이지 않는 정서를(마음 을) 읽을 줄 알아야 한다. 정서는 다차원적이기 때문이다. 겉으로 드러나는 정서가 있고 그 이면에 있는 정서가 여러 겹으로 있기 때문에 상대방을 진정 이해하려면 정서 안에 있는 정서를 볼 줄 알아야 한다.

성공적인 상담을 위해서는 상담자가 내담자를 깊이 이해 하는 것이 매우 중요하다. 상담자가 내담자를 정확하게 이 해하기 위해 노력하는 것을 사례 개념화case conceptualization라고 하는데, 여기에는 두 가지 측면이 있다. 먼저, 내담자가 상 담실에 와서 힘들다고 말하며 명시적으로 내놓는 어려움을 내담자의 '호소 문제'라고 한다. 내담자는 주로 상담자에게 이 호소 문제를 해결해 달라고 드러내어 이야기한다. 내가 상담하는 내담자들도 다양한 문제로 상담실을 찾는다. 청소년은 주로 학업 문제나 가족 문제를, 대학생은 대인관계 문제나 진로 문제를, 성인은 성격 문제나 직장생활 문제 등 다양한 문제를 내놓는다. 그런데 내담자가 말로 표현하거나 명시적으로 내놓는 호소 문제만 가지고 상담자가 내담자를 이해하고자 하면 성공적인 상담을 할 수 없다.

왜냐하면 드러내는 호소 문제 이면에는 눈에 보이지 않는 '핵심 문제'가 숨어 있기 때문이다. 내담자 중에는 처음에는 진로 문제로 상담받기 원한다고 상담을 신청했다가, 상담이 어느 정도 진행되고 나면 끝날 무렵에 슬쩍 다른 말을 꺼내는 사람들이 있다. "저기요, 선생님. 사실은… 제가요…."

이처럼 내담자는 처음에는 말하지 않고 있다가 상담자를 신뢰하게 되면 그제서야 진짜 문제를 내놓기도 한다. 어쩌면 내가 초보 상담자일 때는 호소 문제만으로 내담자를 상담해 놓고서는 내담자를 제대로 상담했다고 착각하고 지나간 경우도 꽤 있었을 것이다. 상담에서 내담자들은 상담자에게 말하는 것도 있고 말하지 않는 것도 있다. 나의 문제와 고통을 내놓아도 될 만큼 상담자가 신뢰할 수 있는지 확인한 후에 내놓으려고 그렇게 하는 경우도 있지만, 대부분은 내담자 스스로도 자신의 진짜 문제를 모르는 경우도 허다하다.

이처럼 겉으로 드러내는 호소 문제와 대비해서 드러내지 않고 말하지 않는 것을 핵심 문제라고 한다. 핵심 문제란 현재의 호소 문제를 일으킨 보다 근원적인 문제를 말한다. 그렇기 때문에 내담자 스스로도 보지 못하는, 눈에 보이지 않는 핵심 문제를 볼 수 있어야 상담을 제대로 할 수 있고 내담자를 진정으로 도와줄 수 있다.

내가 만난 한 내담자는 강박 증상으로 고민하고 있었다. 고시를 준비하는 법대 남학생으로 시험이 얼마 남지 않았는데 공부 진도가 나가지 않아서 힘들다고 했다. 이 학생은 처음부터 끝까지 완벽하게 이해해야 한다는 강박적 사고 때문에 책장을 넘기기가 어려웠던 것이다. 처음에는 학습 전략이나 공부방법에 대해 알고 싶다고 하면서 행동을 수정하길 원했지만 상담이 진행되면서 그동안 집안에서 형과 비교 당해 왔던 설움과 열등감에 직면했다. 아버지에게 인정받지 못한 열등감과 거절감이 비현실적인 성취욕구와 과도한 긴장의 원인으로 숨어 있었다. 이 내담자는 자신의 학습 문제가 어릴 적 아버지와의 관계에 기인하고 있었다는 것을 상담을 통해 깨달았다. 그저 집을 떠난 지 오래되었고 아버지도 이미 돌아가셨기 때문에 그 연관성을 전혀 알지 못하고 살아왔다. 상담에서 아버지와의 관계 문제를 다루면서 강박 증상은 어느 순간 알지 못하는 사이에 사라져 버렸다.

우리에게는 보이는 것, 신체적인 것에 대한 정보와 지식은 많지만 보이지 않는 마음에 대한 지식은 많지 않다. 몸이 아프면, 부위별로 의사를 가려서 찾아가고 약도 챙겨 먹고 주변 사람들에게 터놓고 말도 한다. 하지만 마음이 아프면, 자신이 아픈지도 모르고 지나치거나 많이 아파도 어떻게 대처해야 하는지 몰라서 방치하는 경우도 많다. 이제 보이지 않는 것에 주목해야 할 때이다.

마음의 땅 아래 뿌리내리고 있어서 겉으로는 드러나 보이지 않는 핵심 문제를 알아차리고 치유하는 것이 중요하다. 예를 들어, '직장 상사가 업무와 관련해서 질문을 했을 때, 마치 중학교 때 수학 선생님의 질문에 답하지 못해 매를 맞아서 창피했던 기억이 나서 힘들었어'라고 명시적으로 떠올리고 알아차릴 수 있다면 오히려 문제가 되지 않는다. 하지만 상사의 질문이 핵심 문제와 연결된 미해결 감정을 건드렸다면 '어쩌지, 내가 모르는 부분인데, 상사가 나를 무능하다고 생각하고 나를 무시하면 어쩌지'라는 생각으로 연결되고 마음속에서 불쑥 솟아 오른 확연한 불안감이 번지면서 수치스러움과 불안을 현재에서 현실적으로 경험하고 지각하게 된다. 즉, 지금은 성인이 되었고 분명히 다른 상황임에도 불구하고 과거의 그 창피함이 현재의 상황에서 타당한 것으로 재경험되는 것이다.

이처럼 보이는 것(호소 문제)과 보이지 않는 것(핵심 문제)의 관계를 명시적 기억과 잠재기억으로 연결시켜 이해하자면 다음과 같다.

명시적 기억explicit memory은 우리가 일반적으로 '기억한다'고 할 때, 자신의 과거 경험에서 무언가를 끄집어내서 기억하고 있다고 말하는 것처럼 주관적으로 인지할 수 있다. 예를 들면, 어제 저녁 7시경에 식당에서 종업원이 불친절하게 대해서 기분이 나빴던 사건을 기억해서 무엇 때문에 문제가 발생했는지 구체적으로 말할 수 있다. 이때 우리는 과거에서 무언가를 기억해 내고 있는 것을 알 수 있다. 이처럼 개인적 경험에 관한 의식적이고, 외현적이고, 서술적이며 자서전적인 기억을 명시적 기억이라고 한다.

잠재기억implicit memory은 개인적인 과거 경험에서 기억해내는 주관적 경험으로, 인식되지 않는 기억현상을 의미한다. 우리 안에서 기억 자료를 불러내기는 하지만 명시적 기억처럼 주관적으로 느껴지지 않기 때문에, 과거의 경험과 기억에 영향을 받고 있다고 스스로는 의식하지 못한다. 따라서 잠재기억을 암묵적 기억, 비서술적 기억, 내현기억, 비가시적 기억이라고 부른다. 보이지 않는 잠재기억을 중요하게 다루어야 하는 이유는, 보이지 않지만 분명히 우리에게 강력한 영향을 미치고 있기 때문이다.

우리 주변에서 흔히 일어날 수 있는 상황을 예로 들어 보자. 이 부부는 직장에서 중요한 부부동반 외식이 있어서 퇴근길 정체가 시작되기 전에 출발하기로 했다. 남편은 이미 지하 주차장에서 차에 시동을 걸고 아내가 내려오기를 기다리고 있다. 그런데 아내가 5분이 지나도 오지를 않는다. 남편은 점점 기분이 나빠지면서 교통체증에 갇혀서 늦을 것 같다는 불안감이 잠재기억에서 솟아 나온다. 긴장감과 불안이 점점 고조되면서 남편은 이 정서들을 현재 상황에서 타당한 것으로 느끼게 된다. 이때 우리 뇌는 이러한 인식을 합리화하는 설명을 찾아낸다. "중요한 자리니 늦지 않게 출발하자고 그렇게 이야기했고, 그래서 정시에 출발할 거라고 기대하는 게 당연하지. 이미 합의한 사항을 아내가 지켜 주기를 바라는 게 뭐가 그리 잘못된 건가. 미리미리 준비해 놓지 않고 시간을 지체하다니, 도대체 내가 몇 번을 말해야 꾸물대지 않을 건가"

이때 남편 안에서 일어나고 있는 심리적 사실에 대한 통찰을 얻지 못하면, 남편의 에너지는 온통 현재의 촉발사건에 집중해서 자신의 생각과 감정을 해소하려 든다. 마치 현재 상황이 문제의 근원인 것처럼 여기는 것이다. 그뿐만 아니라 이 모든 상황을 이렇게 힘들게 만든 것이 모두 아내 탓이라고 여긴다. 사실 남편은 어릴 적 군인 출신인 엄격한 아버지로 인해 여행을 가거나 외출을 할 때 온 가족이 정확한 시간에 준비를 마치고 차에 타지 않으면 그날은 아버지의 벼락같은 분노로 완전히 망치는 날이 되었던 경험이 있다. 그럴 때마다 온 가족이 느꼈던 긴장감과 불안은 이루 말할 수 없는 고통이었다. 형제 중 누구 하나가 늦으면 그 사람은 그날의 희생양이 되어 아버지의 잔소리와 분노를 고스란히 감당해야 했다. 때로는 형이나 누나가 야단을 맞

상담자가 건네는 말

으면 내가 아니어서 다행이라는 안도감을 느끼기도 했다.

보이지 않는 잠재기억에 대한 지식과 통찰이 없다면, 남편은 결코 이렇게 말하지 않을 것이다. "내가 뭣 땜에 이러지. 이건 내 과거 기억이 지금 상황을 받아들이는 방식에 영향을 주고 있는 거야. 난 이런 상황이 될 때마다 조급해지고 비합리적으로 되어 남을 판단하려고 하지." 만약 남편이 보이지 않는 자신의 문제를 알아차렸다면 자신의 문제를 다루는 것에 초점을 맞추고 아내를 비난하고 아내에게 뒤집어씌우는 것을 그만둘 것이다. 오히려 '주차장으로 먼저 내려오지 않고 아내가 좀 더 빨리 챙길 수 있도록 집안 정리를 도왔더라면 제때 출발할 수 있었을 텐데…' 하고 생각할 수도 있을 것이다.

또 다른 측면에서, 아내는 알코올 중독자인 아버지 때문에 어린 시절을 힘겹게 보냈다. 술을 많이 마신 날이면 못살게 굴고 협박하고 실제로 폭력이 일어나기도 했다. 언제 아버지가 화를 내고 때릴지 몰라서 늘 불안한 시간을 보내야 했다. 30여 년이 지난 지금 결혼생활에서 남편이 종종 화를 낼 때마다 아내는 자신이 협박당하고 괴롭힘을 당한다고 느꼈다. 왜냐하면 성내는 남편의 모습이 아내의 미해결된 핵심 문제를 촉발시켜서 독성이 있는 외상적 경험과 연결된 잠재기억을 현재적 사실로 느껴지게 했기 때문이다. 아내는 남편의 화가 난 얼굴을 보면 '난 지금 위협받고 있어. 나는 지금 위험한 상황이야. 어쩌면 좀 더 화가 나면 나에게 폭력을 쓸지도 몰라'라고 생각했다. 실제로 남편이 협박을 하거나 폭력을 쓰지 않았다는 것을 아내도 어렴풋이 알고 있다. 하지만 아내의 잠재기억이 타당화한 경험은 남편이 위협적으로 자신을 대했던 행동에 대해 남편이 잘못을 인정하고 사과해야 한다고 주장하게 만든다. 남편이 자신의 말을 듣고 자신의 감정을 이해하고 사과를 할 때 남편과 화해가 가능하다고 생각한다. 물론 이런 요구를 아내의 아버지에게 책임 지운다면 적합한 내용이 된다. 하지만 아내가 경험하는 주관적 감정은 남편과의 관계에서는 적절하지 않기 때문에 남편은 인정하기가 어렵다. 따라서 아내는 자신이 실제로 경험한 위협과 두려움에 대해 남편이 인정하고 책임지기를 요구하고 남편은 실제로 그런 것이 아니기 때문에 받아들일 수가 없다. 이렇게 부부 갈등은 해결점을 찾지 못한 채 점점 심화되었다.

상담자가 건네는 말

이러한 진행 과정으로 말미암아 우리는 잠재기억에서 촉발된 생각과 감정을 현재 매우 타당한 내용인 것처럼 받아들인다. 그리고 지금 촉발시키는 사람이나 상황을 현재 경험하는 잠재기억의 최초의 근원인 것처럼 비난한다. 따라서 문제의 근원이라고 생각되는 '바로 그 사람이' 이 문제 상황에 책임이 있다고 받아들이고, 그 사람이 책임을 져야만 공정하다고 느끼고, 그제야 용서할 마음이 조금 생길 수 있다고 느낀다. 하지만 상대방은 내 시나리오에 따라 움직여 주지 않기 때문에 관계의 문제는 지속되고 계속 같은 패턴으로 반복된다.

이처럼 우리의 잠재기억에 숨어 있는 핵심 문제는 잘 피해 다니는 영리한 범인과 같다. 사건의 실마리를 잘 짜맞추어 형사가 엉뚱한 사람을 범인으로 지목해서 체포하고 사건을 종결지어 버리도록 만든다. 일단, 엉뚱한 사람이라도 유죄 판결을 받으면 그 사건이 일단락되기 때문이다. 우리가 일상에서 반복되는 문제를 겪으면서도 핵심 문제에 접근하지 못하는 이유도 여기에 있다. 매번 그럴듯한 변명으로 다른 사람을 범인으로 지목하고 덤터기를 씌웠기 때문에 보이지 않는 핵심 문제를 찾을 수 있는 단서를 매번 놓치는 것이다. 핵심 문제는 보다 표면적인 다른 문제를 미끼로 던져서 자신의 정체가 발각되지 않도록 노력한다. 물론 우리의 무의식이 하는 일이기 때문에 의식은 전혀 눈치채지 못한다.

자신의 마음과 정신과 영혼을 정화하고 성숙시키고자 노력하며 살아온 사람과 그렇지 않은 사람은 중년기 이후의 삶에서 차이가 확연히 드러난다. 보이지 않는 내면세계로 여행하는 모험을 감수한 사람들은 치매에 걸려서도 온유함과 성숙함이 유지된다. 하지만 보이는 것에만 몰두하고 보이지 않는 자신의 문제에 대해 자기방어와 타인에 대한 비난으로 대처해 왔던 사람들은 미성숙함과 상처와 역기능이 그대로 드러난다.

우리는 이제 질문을 던져 보아야 한다. 나는 보이지 않는 내 마음의 어두운 방을 기꺼이 청소하길 원하는가?

"경찰이 엉뚱한 사람을 범인으로 체포해서 가둔다면 그건 너무 부당하고 억울한 일이라고 말하겠지요. 그런데 우리는 관계 속에서 종종 상대방에게 부당한 죄목을 덮어씌웁니다. 나의

불행이나 분노와 불안의 책임을 그 사람 때문이라고 굳게 믿고 살지요. 하지만 모든 것은 내 안에서 시작됩니다. 진짜 범인, 나의 잠재기억을 찾아내야 하는 것이지요."

* 기본개념 참고도서
  Lehman, K. (2011). *Outsmarting Yourself: Catching Your Past Invading the Present and What to Do about It*. This Joy! Books.

떠올리고 알아차리고 접촉하기

저는 거절에 서툴러요. 친구들이 뭘 빌려 달라고 할 때 사실은 주고 싶지 않은데도 거절을 못 해요. 겉으로는 괜찮은 척, 아무렇지도 않은 척하지만 속으로는 정말 싫은데… 하면서도 거절을 못 해서 마지못해 빌려줘요. 그런데 이제 알았어요. 제가 거절을 못 하는 이유는 제가 거절당하는 게 싫었던 거예요. 내가 거절하지 않으니 너희들도 나를 거절하면 절대 안 돼….

저는 가능하면 화를 안 내려고 애써요. 물론 화를 잘 내는 것보다는 안 내는 게 좋긴 하지만, 나한테 좀 심하게 하는 경우에도 화를 못 내고 그냥 괜찮다고 하거나 웃어요. 바보 같아요. 그 상황이 웃을 상황이 아닌데… 그런데 지나고 보니 알겠어요. 사실은 사람들이 내게 화내는 걸 내가 감당할 수 없어서 가능하면 충돌을 피하고 있었던 거예요….

누군가 칠판에 다음과 같은 그림을 그렸다.

당신은 지금 무슨 생각을 하고 있는가? 아마도 "이것이 무엇입니까?"라고 묻는다면 당신은 "원 또는 동그라미"라

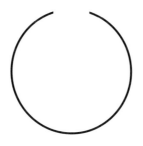

고 답할 것이다. 엄밀히 말해서 위의 그림은 도형의 정의에 비추어 볼 때, '원'에 해당되지 않는다. 하지만 당신은 이 그림을 보는 순간 연결이 끊어진 부분 때문에 무언지 모를 불편함과 함께 연결하고 싶은 충동을 느끼고 스스로 비어 있는 부분을 연결하여 마음속으로 온전한 형태를 만들어서 '동그라미'라고 답하게 되는 것이다.

프리츠 펄스Friz Perls(1893~1970)가 창안한 게슈탈트 심리치료Gestalt Psychotherapy에서는 이를 두고 게슈탈트Gestalt라고 하는데, 이 용어는 '형태' 또는 '전체적 모양'이라는 의미를 지닌 독일어로 사물을 볼 때 부분과 부분을 각각 분리된 것으로 보지 않고 하나의 의미 있는 전체로 파악하는 것을 말한다. 인간은 여러 부분을 어떤 관계성을 지닌 통합된 전체로 인식하는 경향이 있다. 따라서 다음과 같이 아무 의미 없는 그림에서도 우리는 형태Gestalt를 찾아내고 의미를 부여한다.

그림 출처: ©Impronta
https://commons.wikimedia.org/wiki/File:Gestalt_Principles_Composition.jpg

　사실 위의 그림들은 정확히 무엇이라고 말할 수 없다. 하지만 우리는 그림에서 도형을 인식한다. 이렇게 도형을 인식하는 것은 도형의 빈곳을 우리 뇌의 중추신경계가 메꿔서 인식하기 때문이다.

　이러한 중추신경계의 메꾸기 현상은 청감각에서도 나타난다. 연구자들이 노래의 중간중간 2~5초 정도 구간을 잘라서 소리가 들리지 않게 조작했는데, 그중에는 피험자가 아는 노래도 있었고 모르는 노래도 있었다. 실험을 진행하는 동안 뇌파를 측정하고 실험을 마친 후 설문을 했는데, 피험자 중 어느 누구도 자신이 아는 노래가 중간에 끊겼다고 생각하지 않았다. 이와 반대로 모르는 노래는 중간에 끊긴 부분이 많았다고 보고했다. 뇌파를 스캔한 결과에서도 아는 노래의 중간에 끊긴 구간이 나올 때 이 간격을 메꾸기 위해 청각피질의 특정 영역에서 어떤 활동이 감지되었다.

또한 우리 눈에는 망막 맹점이 있어서 사물을 볼 때 검은 틈새가 포함되어 있다. 하지만 누구도 이 맹점을 실제로 지각하지는 않는다. 중추신경계의 추정 기능이 맹점 주변에 입력된 정보를 바탕으로 그 맹점에 무엇이 들어가야 할지 경험적 추측을 통해 메꿔 주기 때문이다.

●

자기 맹점 보기를 위한 지침

1) 왼쪽 눈을 가려 봅시다.

2) 이 면을 자신의 팔 길이만큼 띄우고 위에서 검은 점만을 바라봅시다.

3) 위의 나비 그림이 사라질 때까지 이 면을 천천히 당신 쪽으로 당겨 보세요. 이때 검은 점에 초점을 맞추는 것을 잊지 마세요. 나비를 똑바로 바라보면 나비가 보일 것이나 당신의 한쪽 눈을 검은 점에 맞추고 있으면 나비는 사라질 것입니다.

그림 출처: Lehman, K. (2011). *Outsmarting Yourself: Catching Your Past Invading the Present and What to Do about It.* This Joy! Books.

우리 뇌의 중추신경계의 메꾸기 기능은 지각적 차원뿐만 아니라 인식적 차원과 심리적 차원에서도 일어난다. 예를 들어, 뇌량이 끊어져 양쪽 뇌가 분리된 환자의 경우 좌뇌는 우뇌가 한 선택에 대해 적절한 설명을 하지 못한다. 이때 중추신경계의 추정 기능VLE, Verbal Logical Explainer은 그 틈새를 메꾸기 위해 그럴듯한 설명을 만들어 낸다. 지각적 차원에서 도형을 완결하려는 습관처럼 심리적 차원에서도 적절한 이유를 추정해서 빈 곳을 메꾸는 것이다.

게슈탈트 심리치료에서는 우리가 게슈탈트를 형성하는 이유는 우리의 욕구나 감정을 유의미한 행동으로 만들어서 실행하고 완결하기 위한 것이라고 설명한다. 따라서 심리치료에서 말하는 게슈탈트는 환경과의 관계 속에서 형성되고 해소되는 우리의 내면적 동기라고 할 수 있다. 예를 들어, 공부하다가 커피를 한잔 마시고 싶은 것, 친구를 만나 대화하고 싶은 것과 같이 우리의 크고 작은 행동을 유발하는 동기들이 바로 게슈탈트이다. 게슈탈트를 형성한다는 말은 어느 한순간에 가장 중요한 욕구나 감정을 전경으로 떠올린다는 말과 같은 뜻이다. 인간의 모든 인식은 전경과 배경의 관계 속에서 이루어진다. 어느 한순간에 우리의 의식의 초점이 되는 것을 전경figure이라고 하고, 초점 밖에 놓이는 인식 대상을 배경background이라고 한다. 아래 왼쪽 그림처럼 흰색에 초점을 맞추면 얼굴을 맞대고 있는 두 사람의 옆모습이 부각되어 보이고, 검은색에 초점을 맞추면 꽃병이 전면으로 떠오르고 흰색은 배경으로 물러나는 것을 경험할 수 있다. 아래 오른쪽 그림은 전경과 배경의 변화에 따라 젊은 아가씨가 보였다가 나이 든 할머니가 보이기도 한다. 전경과 배경의 변화에 따라 그림이 어떻게 달라지는지 경험해 보자.

그림 출처: ⓒImpronta
https://commons.wikimedia.org/wiki/File:Gestalt_Principles_Composition.jpg

건강한 사람은 매 순간 자신에게 중요한 게슈탈트를 선명하고 강하게 형성해서 전경으로 떠올릴 수 있지만, 심리적으로 건강하지 못한 사람은 배경으로부터 전경을 명확하게 구분해 내지 못한다. 이렇게 되면 내가 정말 원하는 것이 무엇인지도 잘 모르는 상태가 되고 무엇을 해야 할지도 모호해져 결국 의사결정을 내리지 못하고 혼란스러워한다. 한마디로 말해 우리가 흔히 말하는 '결정장애'는 게슈탈트 형성에 실패한 것이라고 할 수 있다.

우리가 분명한 게슈탈트를 형성하지 못하거나 또는 게슈탈트를 형성했지만 제대로 해소하지 못하면, 그 게슈탈트는 배경으로 사라지지 못한다. 게슈탈트가 완결되지 않았기 때문에 해결을 요구하면서 계속 전경에 떠오르려고 하기 때문이다. 예를 들면, 아침에 부부싸움을 하고 출근한 사람의 경우에는 회사에 가서도 하루 종일 일이 손에 잡히지 않는다. 아침에 아이와 한바탕하고 난 주부는 학교에 보내 놓고도 하루 종일 마음이 편치가 않다. 물론 이러한 예는 일상의 사건이지만 보다 깊은 심리적 주제들에 적용해 볼 수 있다. 어릴 적 거부당했던 경험이나 차별 속에서 성장했거나 학대나 외상을 경험한 경우 등 각자의 심리적 주제에 따라 전경과 배경의 교체가 일어나지 못하는 부분이

다를 수 있다.

이러한 경우를 '미해결 과제'라고 한다. 미해결 과제가 많아질수록 우리는 우리의 욕구를 효과적으로 해소하는 데 실패하고 마침내 심리적 · 신체적 장애를 경험한다.

따라서 전경과 배경이 교체되는 과정에서 알아차림과 접촉이 매우 중요하다. 알아차림awareness은 개체가 자신의 유기체적 욕구나 감정을 지각한 다음 게슈탈트로 형성해서 명료한 전경으로 떠올리는 것을 말한다. 접촉contact은 전경으로 떠오른 게슈탈트를 해소하기 위해 환경과 상호작용하는 것을 의미한다.

내담자 중에 연애가 하고 싶은데 잘 진전되지 않아서 상담을 하는 직장인이 있었다. 꽤 매력적인 외모로 구애하는 남성이 많았지만 웬일인지 관계가 오래가지 않았다. 사랑에 빠지고 헤어지는 과정을 반복하면서 지쳐서 더 이상 연애를 하고 싶지 않다고 하소연하다가 왜 자신이 연애가 어려운지 알아차렸다. 이 내담자가 떠올린 어린 시절 한 장면은 이랬다. 한 방에서 엄마 아빠와 남동생과 함께 잠을 자는데, 남동생을 가운데 두고 엄마와 아빠가 마주 보며 자고 자신은 엄마의 등을 보고 잘 수밖에 없었다. 아련한 기억이지만 너무 서럽고 소외감과 거절감을 느꼈다. 물론 남동생은 어렸고 내담자는 초등학생이었지만 늘 바쁜 엄마의 관심이 고팠던 이 아이에게 그 장면은 거절감으로 자리 잡았다. 물론 그 기억이 그렇게 각인된 것은 그 한번의 경험 때문이 아니라 양육 과정에서 지속된 방치 때문이었다. 일종의 '거절감'은 내담자의 핵심 문제였고 해소되지 않은 사랑과 인정의 욕구는 미해결 과제로 남았다. 성인이 된 후 연애를 하면서도 상대방이 바빠서 전화를 못 받거나 자기가 원하는 일정에 데이트를 할 수 없는 상황이 되면 쿨하게 넘어가는 척했지만, 이후에 적당한 핑계를 찾아서 이별을 통보했다. 조금이라도 거절감을 느낄 가능성이 있으면 지레 차단하고 도망쳤던 것이다. 그뿐만 아니라 이 내담자는 일반적인 기준으로 볼 때 늘 자기보다 못한 상대를 만나고 있었다. 그것은 거절감을 경험하지 않기 위한 자기 나름대로의 최선의 선택이었던 것이다. 그렇게 수많은 만남과 이별을 반복하면서도 자신의 미해결 과제 때문이라고는 추호도 생각해 보지 않았다. 평소에는 그런 기억이 있었는지조차 인식하지 못했고, 오히려 자기가 남자복이 없다거나 자기는 독신 체질이라는 등의 생각으로 지내 왔다.

우리는 이처럼 오래된 미해결 과제 때문에 현재의 선택과 행동에 영향을 받는다. 나의 삶에서 전경으로 떠오르지 못하고 여전히 남아 있는 미해결 과제는 무엇인가? 질문해 보자.

우리는 그동안 살아오면서 수많은 관계와 상황에서 자신의 미해결 과제에서 시작된 잠재기억이 일으키는 반응을 정당화하기 위해 얼마나 많은 VLE를 작동시켜 꾸며서 메꾸기를 해 왔을까? 우리는 나의 맹점 속에 무엇이 있는지 보고 싶어 하지 않는다. 아니, 맹점이 있다는 것조차도 인정하려고 하지 않는다. 우리 중추신경계의 VLE가 현실적 틈새들을 꾸며 낸 설명으로 메워 버려서 살아오면서 익숙하게 사용해 온 방어기제를 작동시키는 것이다. 이러한 과정에서 우리는 VLE가 꾸며 낸 그럴듯한 설명을 믿고, 외상적 기억으로 촉발된 잠재기억을 현재에 타당한 것처럼 받아들인다.

자기 자신을 스스로 속이고 살아가는 것이다. 우리가 얼마나 자기 자신에게 속기 쉬운지, 또 어쩌면 속기를 원하고 있는지도 모른다. 이제 나에게는 미해결 과제가 있고, 어쩌면 현재의 삶에서 당면하고 있는 문제의 강력한 피의자는 나에게 상처를 준 바로 그 사람이 아니라 나의 미해결 과제일 수도 있음을 인식해 보자. 비록 나의 고통스러운 생각과 감정이 현재 상황에 적합하고 타당한 것이라고 느껴지겠지만 사실은 그 고통이 과거의 미해결 과제인 외상적 경험에서 온 잠재기억이었다는 것을 받아들이자.

"내 삶에 있는 속임은 무엇일까? 나를 붙들고 있는 묶임은 무엇일까? 이렇게 질문할 수 있다면, 이제 당신은 볼 수 있고 풀 수 있습니다."

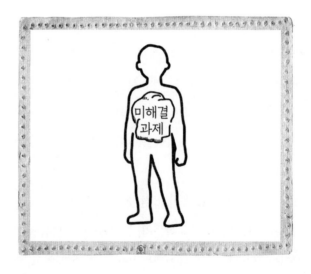

* 기본개념 참고도서
  Lehman, K. (2011). *Outsmarting Yourself: Catching Your Past Invading the Present and What to Do about It.* This Joy! Books.

상담자가 건네는 말

멈추고 성장하기

뭐든 미루는 게 저의 가장 큰 문제라면 문제예요. 직장일도 그렇고…. 해야 하는 건 알지만 어떻게든 끝까지 미룰 수 있는 데까지 미루다가 정말 어쩔 수 없는 상황이 되면 그때서야 벼락치기로 밤을 새워서 해요.

연애할 때는 그렇게도 매력적이고 좋았는데. 이젠 웬수가 따로 없어요. 말도 없고 무던하고 든든해서 좋다고 생각했는데. 지금은 말을 안 해서 답답해서 미쳐 버리겠어요. 대화를 좀 해 보려고 맘 잡고 시작해도 결국은 싸움으로 끝나고 말아요. 그래서 이제는 싸우는 것도 지겨워서 그냥 포기하고 지내요.

인간을 의미하는 영어 표현은 'Human Being'이다. 그런데 최근의 우리 사회를 볼 때, 우리는 인간을 'Human Doing'으로 규정하고 있는 것 같다. 어떤 사람의 사람됨을 그 사람이 어떤 일을 얼마나 잘하는지, 조직 내에서 어떤 역할을 하는지에 따라 그 사람을 평가하는 것 같다. 윌리엄 피에츠William V.

Pietsch(2004)의 책 제목처럼, 인간은 '존재 그 자체'로 보아야 하는 'Human BE-ing'이다. 다만, 우리는 관계를 통해 자기 자신을 들여다볼 수 있어야 한다. 특히 관계에서 일어나는 감정의 힘겨루기를 이해하는 것이 필요하다. 왜냐하면 인간관계의 많은 문제는 힘으로 얽힌 상황에서 서로의 감정이 충분히 이해되지 못할 때 갈등으로 나타나기 때문이다.

우리 주변에서 어떤 사람은 매사에 사사건건 따진다. 또 어떤 사람은 문제가 생기면 뒤로 물러나는 행동방식을 취한다. 문제는 시시각각 달라지더라도 각 개인의 대처방식은 거의 일관되게 나타난다. 사실 이러한 우리의 대처방식이나 대인관계의 패턴이 형성되는 시작점은 우리의 어린 시절이다. 어릴 적 가족과 지내면서 부모와 내가 어떠한 방식으로 감정을 교류하고 힘겨루기를 했는지에 달려 있다. 그런데 여기서 중요한 점은 부모가 실제로 어떤 사람인가에 따라 영향을 받기도 하지만, 오히려 부모가 어떤 사람일 것이라고 내가 생각하고 느끼는 것이 훨씬 큰 영향을 미친다. 대인관계에서 문제가 발생하는 주된 원인 또한 있는 그 자체보다는 내가 내 방식대로 기대하고 보기 때문이다.

우리는 여러 가지 측면에서 기대했던 것을 보려는 습관

에 길들여져 있다. 특히 과거에 경험했던 것을 기초로 해서 다른 사람과의 관계를 보려고 하기 때문에 그 경험에 적합하지 않은 것은 무시해 버린다. 이런 사실을 제대로 인식하지 못하면 이전에 만났던 사람들에게 받은 감정과 반응을 지금 만나고 있는 사람에게 그대로 적용하려고 할 수 있다. 이 과정을 상담에서는 '전이'라고 한다. 전이transference는 내담자가 과거에 중요한 타인에게 느꼈던 감정이나 환상을 무의식적으로 상담자에게 나타내 보이는 것을 말한다. 전이분석transference analysis은 내담자가 상담 과정에서 상담자에게 나타내는 전이현상을 분석하는 것으로서 정신분석의 핵심적 요소 중 하나이다. 내담자가 어린 시절에 부모에게서 느꼈던 감정과 관계 패턴을 상담자에게 나타내도록 유도하고 이를 분석함으로써 내담자의 무의식적 갈등을 이해하고 문제를 해결할 수 있기 때문이다.

전이는 마치 '자동반응'과 비슷하다. 우리가 운전석에 앉으면 자동적으로 시동을 켜고 운전을 하듯이, 하나하나 자세히 생각하지 않은 채로 자동적으로 반응하는 것이다. 이 같은 자동반응 덕분에 우리는 운전을 하면서 다른 활동을 할 수 있다. 운전하는 것이 자동반응화되었기 때문에 에너지를 다른 것에 사용할 수 있다. 심리적 메커니즘도 이와 마찬가지이다. 무의식적인 자동반응은 의식이 자유롭게 다른 일을 할 수 있도록 우리에게 편리함과 유용함을 준다. 하지만 이러한 자동반응은 대인관계에서 문제를 일으키기도 한다. 미처 의식하지 못한 채, 어떤 사람의 특정 행동이나 생김새 때문에 예전의 다른 관계에서 생각하고 느꼈던 방식대로 무의식적으로 미루어 짐작하고 자동반응을 하기 때문이다. 문제는 우리 자신이 그렇게 하고 있다는 것조차 깨닫지 못한다는 것이다.

어릴 적에 부모가 과도하게 지시하고 통제하는 사람이었다면, 우리는 세 가지 방식 중 하나를 선택했을 것이다. 첫 번째 대처 방식은 부모의 과도한 요구에 부응하기 위해 노력하며 말 잘 듣는 아이가 되기를 선택하는 것이다. 하지만 말 잘 듣는 아이가 되어 부모의 지시와 통제를 받아들이기 위해서는 대가를 치러야 하는데, 그것은 내가 원하는 것을 포기하는 것이다.

두 번째 대처 방식은 부모의 지시와 통제를 거부하고 반항하는 아이가 되기를 선택하는 것이다. 하지만 이 대처 방식 역시 대가를 치러야 하는데, 왜냐하면 반항하면 내가 하고 싶은 것을 제지당할 수밖에 없기 때문이다.

세 번째 대처 방식은 요구가 지나치게 많은 부모를 대하는 방책으로 '미루기'를 사용하는 것이다. 부모의 요구에 대해 "저… 나중에 할게요"라고 할 때, '저… 나중에'는 우선 현재 상황을 모면할 수 있게 해 주는 역할을 하고, '할게요'는 부모를 거스르지 않게 해 준다.

우리는 어린 시절 각자 자신의 상황에서 세 가지 방식 중 효과적인 대처 방식을 터득했을 것이다. 이렇게 일단 자신의 대처 방식을 습득하면, 삶의 여러 장면에서 습관적으로 사용하고 비슷한 대인관계 상황에 놓일 때 이러한 대응 방식을 자동적으로 취하게 된다.

또 한편으로 어릴 적 부모가 지나치게 허용적이고 관대한 사람이었다면, 우리는 상대방이 내가 원하는 것을 모두 다 허용해 주지 않으면 나를 사랑하지 않는 증거로 해석한다. 자기가 부모와의 관계에서 자기중심적으로 살아왔다는 것을 깨닫지 못하고 상대방이 문제라고 여기는 것이다.

여기서 대단히 흥미로운 점은 지나치게 통제적인 부모 밑에서 자란 사람은 지나치게 허용적인 부모 밑에서 자란 사람에게 매력을 느낀다는 것이다. 왜냐하면 상대방이 각자 자신이 이상적이라고 생각하는 성격적 특성을 갖고 있다고 느끼기 때문이다. 통제와 권위가 없던 부모 밑에서 자란 사람은 상대방에게서 질서와 권위를 보고, 그 반대로 허용과 자유가 없던 부모 밑에서 자란 사람은 상대방에게서 여유와 자발성을 엿보기 때문이다. 이처럼 자기 자신에게 없는 것이 서로에게 있다고 여겨 매력을 느끼고 결혼을 통해 부모에게서 받지 못했던 것을 상대방을 통해 보상받고자 기대한다.

따라서 부부관계에서 이러한 전이가 드러나는데, 신혼기 부부들이 서로에게 실망하고 이혼을 생각하는 이유도 여기에 있다. 흔히들 이혼 사유로 말하는 '성격 차이'를 상담학적으로 말하면 '전이와 투사'라고 할 수 있다. 사랑해서 함께 있고 싶어서 결혼을 선택하지만 각자 안에 치유되지 않은 상처가 있을 때, 그런 상처가 있는지도 모르는 채로 결혼할 때, 자신의 핵심 상처와 연결된 부모의 이미지를 배우자에게 전이하고 투사하기 때문에 상대방에게 과도한 실망을 느끼는 것이다. 그러니까 우리는 무의식적으로 부모와 유사한 긍정적이면서 부정적인 특성을 지닌 상대방에게 매력을 느끼고 파트너가 되지만, 그 낭만적인 파트너는 나의 부모가 상처를 준 동일한 방식으로 나에게 상처를 줄 가능성이 가장 높다.

사실 배우자는 내가 어린 시절을 함께 보냈던 그 부모,

그 어른이 아님에도 불구하고 우리는 자동적으로 자신의 채워지지 않았던 욕구를 배우자가 채워 줄 것이라고 기대한다. 무의식적인 맥락에서 본다면, 결혼의 목적은 어린 시절을 마무리하고자 하는 시도라고 할 수 있다. 다시 말해, 어린 시절의 채워지지 않는 욕구를 채우고, 어린 시절의 상처를 치유하고자 하는 무의식적 목적이 내재되어 있다.

다음 문장의 빈칸을 한번 채워 보자.

"나는 나의 부모님에게 _____을 받기 원했다."

이 괄호 안에 채워지는 내용을 잘 들여다보라. 내가 배우자를 통해 충족하기를 바라는 것과 거의 일치할 것이다.

각각의 입장에서 본다면, 상대 배우자가 자신의 부모와의 관계에서 어린 시절에 억압되었던 부분들이 있을 때, 이에 대해 무의식적이고 방어적으로 대처하는 방식을 취하게 되는데 이로 인해 서로 상처를 주고받는다. 결혼생활을 통해 서로 좌절된 욕구와 고통을 방어적이거나 비난하는 방식으로 표출하고 결국 관계는 끝이 없는 평행선을 그린다. 아내는 남편이 늦게 들어오니까 잔소리를 할 수밖에 없다고 호소하고, 남편은 아내의 잔소리가 듣기 싫어서 늦게 들어온다고 항변한다. 한 사람이 도망가면 다른 한 사람은 쫓아가는 역할을 취한다. 쫓는 사람은 상대방에게 왜 도망가느냐고 비난하고 도망가는 사람은 왜 쫓기게 만드냐고 비난한다. 특히 상대방이 내 속에 있는 무력감이나 소외감, 좌절감 등 자신의 핵심 감정을 건드릴 때 무의식적 전이반응을 한다. 대인관계에서 갈등이 발생할 때는 이러한 전이현상을 깨닫는 것이 가장 우선이다.

그러면 우리는 어떻게 해야 할까? 상대방이야 어떻게 생각하든 '자신을 고집'하며 힘으로 겨루는 대신에 서로의 '존재'를 인정하며 풍성한 인간관계를 맺도록 창조적으로 행동할 수 있을까?

그동안 부모에게 받지 못했던 사랑과 보살핌을 다른 사람이나 활동으로 채우려고 애쓰며 이 세상을 살아왔다면, 이제 그러한 나의 모습을 알아차리고 그동안 하던 것을 멈추어 보자. 그동안 내가 꽉 쥐고 압력을 가하던 부분, 내가 모양을 만들어 보겠다고, 원래대로 회복시켜 보겠다고 애쓰던 것을 멈추고 두 손을 활짝 펼 수 있다. 펼친 손으로 나자신이 성장하고 상대방이 성장할 수 있도록 도울 수 있다.

작지만 구체적인 실천 방법은, 바로 지금 곁에 있는 사람들, 나와 일상을 함께하는 사람들의 감정을 있는 그대로 받아들이는 것이다. 왜냐하면 감정을 받아들이는 것은 상대방의 존재를 받아들이는 것과 마찬가지이기 때문이다.

"이전엔 사랑스럽던 모습이 이젠 보기 싫어졌다면 그 사람이 변한 게 아니라 내가 변한 겁니다."

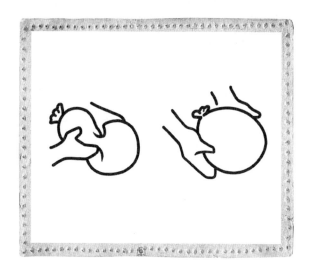

* 기본개념 참고도서
  Pietsch, W. (2004). *Human BE—ing*. Trafford.

참고 기다리기

내 삶은 늘 꼬였어요. 태어날 때부터 꼬였는걸요. 다른 부모를 만났더라면… 세상이 나에게 등을 돌리고 있는데 왜 내가 세상을 믿어야 해요? 삶은 나에게 친절하지 않았어요. 그래서 나도 참지 않기로 마음먹었어요. 마음대로 살아 버리려고요. 힘든 거 참기 싫어요….

아이 앞에는 달콤한 마시멜로가 놓여 있고, 선생님은 15분 간 먹지 않고 기다리면 상으로 한 개를 더 주겠다고 제안한다. 이렇게 설명을 한 후 선생님은 아이와 마시멜로를 남겨 놓고 밖으로 나간다.

'이 달콤함을 지금 먹을 것인가, 기다릴 것인가?'

스탠퍼드대학의 심리학자 미셸w. Mischel 박사는 1966년에 만났던 653명의 네 살짜리 꼬마들을 15년 후 다시 만났고, 1981년에 마시멜로 실험 결과를 발표했다. 마시멜로를 먹지 않고 오래 참은 아이일수록 참지 못한 아이들보다 가정이나 학교 등 삶의 전반에서 훨씬 우수했고, SAT(미국 대학 수학능력 자격시험)에서도 더 우수한 성적을 거두었다. 또한 오래 기다린 아이들은 사회성도 높고 매우 원만하고 친밀한 대인관계를 형성한 것으로 나타났다.

노래 가사처럼 우리는 그 달콤하고 말랑말랑하고 촉촉한 과자의 유혹을 어떻게 이겨 낼 수 있을까?

실험실이 아닌 삶에서도 많은 장면에서 우리 눈앞에는 마시멜로가 놓이고, 우리는 마시멜로 실험 상황을 수시로 겪는다. 이처럼 미래의 더 큰 만족을 위해서 현재의 작은 만족을 억제하는 것을 만족지연delay of gratification이라고 한다. 즉각적인 작은 보상을 취하고 싶은 충동에 저항하기 위해서 아이들은 자신의 첫 반응을 억제해야 하기 때문에 만족지연은 자기조절의 중요한 바탕이 된다.

자기조절self-regulation은 지향하는 목표나 기준에 도달하기 위해서 자신의 생각, 감정, 충동, 행동을 조절하고 통제하는 능력을 의미한다. 우리는 내외적 자극에 끊임없이 반응하며 살아가는데, 효과적으로 적응하기 위해서는 내면적인 반응을 제어하고 상황에 적절한 행동을 하도록 노력하는 것이 필요하다. 목표의 추진을 방해하는 쾌락적인 유혹을 이겨 내야 할 뿐만 아니라 고통스럽고 두렵기 때문에 회피하려는 경향성도 극복해야 한다. 왜냐하면 자기조절이 결여된 상태는 '통제 불능, 충동성, 맹렬함, 과격함, 무절제함'이 우위를 차지하고 충동통제 장애, 알코올 의존, 도박 중독, 게임 중독 등을 비롯한 다양한 부적응 문제를 초래할 수 있기 때문이다.

그런데 후속으로 진행된 록펠러대학의 키드C. Kidd 박사 팀이 발표한 마시멜로 실험은 마시멜로를 눈앞에 두고 기다릴 수 있는 아이와 기다릴 수 없는 아이를 만드는 요인이 무엇인가에 대한 힌트를 준다. 선생님이 3~5세 아이들 28명에게 컵을 예쁘게 꾸미는 미술작업을 할 것이라고 설명하고 크레파스가 놓여 있는 책상 앞에 앉게 한다. 그리고 조금만 기다리면 크레파스 외에 다른 미술 재료를 줄 것이라고 말하는데, 몇 분 후에 선생님은 14명의 아이들에게는 약속한 대로 새로운 미술 재료를 주고(신뢰 환경reliable environment), 나머지 14명의 아이들에게는 재료가 있는 줄 알았는데 없다며 사과하고 약속했던 새로운 미술 재료를 주지 않았다(비신뢰 환경unreliable environment). 이렇게 신뢰와 비신뢰를 각각 경험한 아이들에게 고전적인 마시멜로 실험을 이어서 실시했다. 그 결과, 신뢰 환경의 아이들은 평균 12분을 기다렸고 14명의 아이 중 9명은 15분이 끝날 때까지 마시멜로를 먹지 않았다. 반면 비신뢰 환경의 아이들은 평균 3분을 기다렸고, 15분까지 기다린 아이는 단 한 명뿐이었다. 선생님의 행동이 믿을 만하다는 경험을 한 아이들이 선생님의 행동을 믿을 수 없다는 경험을 한 아이들보다 네 배 이상의 시간을 참으며 기다린 것이다. 이처럼 아이들이 마시멜로의 유혹 앞에서 참고 기다린 것은 선생님과 신뢰를 쌓은 경험과 약속한 것이 지켜진다는 믿음 때문이었다. 우리가 우리 삶에서 만나는 달콤한 유혹을 이겨 내고 멀리 있는 큰 상을 받기 위해서는 삶에서 신뢰 경험이 필요하다.

한 아버지와 아들의 이야기가 있다. 아들과 아버지의 사이가 그리 좋지 못했는데, 아들은 아버지와 관계를 회복하고 싶어서 아버지와 함께 시간을 보내기로 한다. 하루는 산책을 하다가 마음에 드는 자동차를 발견한다. 아들은 아버지에게 그 스포츠카를 졸업선물로 달라고 말한다. 아버지는 성공한 사업가였기 때문에 문제가 될 것이 없다고 생각했다. 아들은 자신이 원하는 선물이 무엇인지 아버지가 알 수 있도록 주변 사람을 통해서도 여러 차례 이야기해 두었다. 아들은 무사히 졸업식을 마친 후 아버지의 서재로 갔다. 아버지의 손에는 잘 포장된 선물상자가 있었다. 아버지는 졸업 선물이라며 건넸지만 아들은 자신이 원하는 선물이 아니었기에 최대한 실망감을 감추고 포장지를 뜯어 보았다. 그 안에는 아들의 이름이 새겨진 성경이 있었다. 아들은 상자를 닫고 아버지 쪽으로 밀치며 획 돌아섰다. 아버지는 "그래도 아들아 이 책을 한번만이라도 읽어보지 않겠니?"라고 청했지만, 아들은 "제게 필요한 것은 성경이 아니에요. 나중에 언젠가 시간이 있으면 읽어 보죠"라고 말하고는 서재를 뛰쳐나가 짐을 챙긴 후 아버지 집을 나왔다. 이후 아들은 아버지 이름을 빌려 좋은 직장을 얻고 사업에서 성공했다. 그렇게 부를 축적하며 성공한 삶을 살았지만 아버지와는 단절하고 지냈다. 아름다운 아내를 만나 결혼도 하고 아이도 낳았지만 아버지에게 연락하지 않았다. 그런데 둘째 아이를 가지게 되자 다시 아버지와 관계를 회복하고 싶은 마음이 생겼다. 그래서 아들 가족은 아버지가 있는 곳으로 여행을 가기로 계획한다. 그런데 여행을 떠나기로 한 그 주에 아버지가 갑작스러운 심장병으로 세상을 떠났다. 아들은 아버지와 연락하지 않고 지낸 시간들에 대한 후회와 아픔을 안고 아버지 집으로 가서 재산을 상속받고 집을 정리했다. 아들은 아버지를 마지막으로 보았던 서재로 가서 아버지 의자에 앉아 보았다. 책장에는 눈에 익은 포장지가 있었다. 그때의 그 상자였다. 아들은 그 선물 상자를 열어 보았다. 자신의 이름이 새겨진 그 성경이 보였다. 그런데 성경을 펴 보려고 하다가 책갈피가 특정한 자리에 꽂혀 있는 것을 발견했다. 아버지가 밑줄 친 부분의 성경 구절은 다음과 같았다.

너희가 악한 자라도 좋은 것으로 자식에게 줄 줄 알거든 하물며 하늘에 계신 너희 아버지께서 구하는 자에게 좋은 것으로 주시지 않겠느냐 (마 7:11)

아들은 감동을 받아 성경을 꼭 끌어안았다. 그러자 성경 안에서 열쇠가 하나 떨어졌다. 그것은 자동차 열쇠였다. 아버지 차고로 가 보니, 한쪽 구석에 덮개가 씌워진 차 한 대가 있었다. 덮개를 벗겨 보니 그때 자신이 갖고 싶다고 했던 그 스포츠카였다. 아버지가 아들을 위해 차를 준비해 놓았던 것이다. 아들은 자신이 원하는 것을 이미 받았다. 다만 포장된 방식이 마음에 들지 않았기에 선물을 받지 못했던 것이다.

이 이야기를 통해서 다음과 같이 생각해 볼 수 있다. 우리가 삶에서 만나는 유혹을 이겨 내는 것과 마찬가지로, 좌절을 이겨 내는 데도 신뢰가 필요하다. 우리는 내가 기대했던 것, 내가 기도한 것, 내가 생각하는 대로 되지 않으면 실망한다. 눈앞에 내가 원하는 방식으로 선물이 나타나지 않으면 실망하고 좌절한다. 나중에 주어질 큰 선물보다는 당장 내 눈앞에 있는 마시멜로를 먹고 싶어 한다.

하지만 때로 삶은 우리가 원하는 것을 바로 우리에게 주기보다는 우리가 감당할 수 있게 먼저 준비시키기도 한다. 기다림을 통해 우리가 감당할 수 있도록 준비하게 한다. 고통과 아픔, 기다림 속에서 우리가 준비되어 간다. 삶에서 중요한 것은 우리가 원하는 바를 당장 얻어 내는 것이 아니라 그것을 받을 만한 그릇으로 준비되어 가는 것이기 때문이다. 살다 보면 우리가 원하는 것이 원치 않는 방식으로 이상하게 포장되어 주어질 때도 있다. 삶을 인내하고 믿음을 가지고 기다리지 않으면 비통함과 분노로 이후에 주어질 선물을 밀쳐 내고 실망할 수 있다.

삶의 어려운 시기를 지나고 있을 때 주변의 친구들이 나에게 "고난은 축복이 가면을 쓰고 나타난 거래, 그러니 인내해 봐"라고 위로하는 것이 가장 듣기 싫었다. "네가 막상 고난 가운데 있지 않으니까 그렇게 말하는 거지, 네가 내 처지가 되어 봐라, 그런 말이 나오는지. 고난은 고난이지 어떻게 고난이 축복이야"라고 화를 내고 싶었다. 하지만 시간이 흐른 후 역시나 고백하지 않을 수 없었다. 고통이 주는 선물이 있다는 것을….

어쩌면 삶에서 힘든 순간은 내가 원하는 것을 얻지 못해서 실망하고, 내가 원하는 시점에 이루어지지 않아서 좌절할 때인 것 같다. 삶은 고난을 통해 우리를 단련하고 준비시키기도 한다. 이해하기 어려운 경우가 많지만 좋은 것만이 좋은 것이 아니라 가시마저도 선하게 사용될 수 있다.

"내 머리 위에 비가 그치지 않을 때라도, 내 마음은 비구름 위의 햇살 비추는 하늘로 올라갈 수 있습니다. 우리의 영혼은 그렇게 올라갈 수 있는 힘이 있습니다. 우리 마음의 가장 깊은 곳으로 내려갈 때, 우리는 가장 높은 곳으로 올라갈 수 있습니다."

딛고 일어서기

나의 어린 시절은 너무 불행했어요. 부모 복이 지지리도 없었다고 해야 할까…. 그냥 그렇게 살 수밖에 없었어요. 뭘 어떻게 해 볼 수가 없었죠. 시작이 그러니 내가 아무리 발버둥 쳐도 소용이 없더라고요. 별반 다를 게 없었죠, 뭐….

어떡하겠어요. 이미 그런 일이 생겨 버린 걸… 그래도 계속 살아야 하니 버텼죠. 그렇게 살다 보니 좋은 날도 오더라고요. 나만이라도, 내 마음만이라도, 사실 내 마음은 내가 어떻게 해 볼 수 있잖아요. 그래서 가능하면 좋은 쪽으로 보려고 했죠.

왜 어떤 사람은 좌절스러운 상황에서 한 대 얻어맞은 채로 쓰러져서 일어날 생각을 하지 못하고, 왜 어떤 사람은 좌절을 겪고서도 다시 일어설 수 있는가?

한때 나는 우리 사회의 리더라고 할 수 있는 분들을 초청

한 강연 프로그램을 즐겨 시청했다. 그러던 어느 날 우연히 본 방송에서 놀라운 감동을 받았다. 처음에는 어째 강연자의 모양새가 좀 이상하다 싶더니 화면이 점점 가까워지자 나는 화들짝 놀랄 수밖에 없었다. 목소리는 젊은 여성인데 얼굴은 마치 괴물처럼 생겼기 때문이다.

'어떻게 이런 사람이 사람들 앞에 강연자로 섰을까?' 호기심에 방송을 끝까지 시청했다. 그런데 그 강연을 듣고 난 후, 난 바로 그 강연자의 책을 살 수밖에 없었다. 《지선아 사랑해》의 저자 이지선 씨는 화목한 집안에서 유명 대학을 다니던 고운 외모의 여대생이었다. 하지만 귀가하던 길에 음주운전자가 낸 추돌사고로 전신 55퍼센트에 3도 중화상을 입어 의사들마저 치료를 포기했다. 그렇지만 이지선 씨는 7개월간의 입원, 30회가 넘는 고통스러운 수술과 재활 치료를 이겨 내고 코와 이마와 볼에서 새살이 돋아나는 기적을 경험한다. 다시 살아났지만 예전의 그 고운 얼굴의 여대생은 사라지고 온몸에 화상 흔적이 뚜렷이 남은 흉한 모습이 되었다. 그런데 그런 이지선 씨는 '삶이 선물'이라고 말한다.

이지선 씨의 강연을 들으면서 저 정도 사연이면 꽤 신

파조일 것이라고 생각했는데, 이지선 씨의 목소리와 표정은 너무나 밝고 환했다. 강연 내내 시종일관 청중을 웃겼다. 강연자 자신이 밝고 맑아서 듣는 이들도 너무나 편안하게 웃게 된다. 강연이 끝나 갈 무렵, 인터넷에 자신의 이름을 검색해 보면 미스코리아 이지선이 나올 테니 자신과 혼동하지 말란 유머까지 덧붙인다. 궁금해서 강연이 끝나고 바로 '이지선'을 검색해 보았다. 그랬더니 정말 동명이인인 이지선 씨가 먼저 나왔는데 미스코리아인 만큼 외모와 몸매가 정말 훌륭했지만, 웬일인지 아무런 감동도 없었다. 오히려 얼굴이 일그러진 이지선 씨가 너무 보고 싶었다. 그 누구보다도 이지선 씨의 얼굴이 더 예쁘게 느껴졌다. 나는 그때 깨달았다. 사람의 아름다움은 외모에 있는 것이 아니라 영혼에 있다는 것을….

그런데 이지선 씨는 어떻게 한 인간으로서 감당하기 어려울 것 같은 극심한 고통을 딛고 다시 일어설 수 있었을까? 왜 어떤 사람은 고통 앞에서 주저앉아 버리고, 왜 또 어떤 사람은 다시 우뚝 설 수 있는가? 그 차이는 무엇인가?

심리학에서는 부정적 사건을 겪었을 때 남보다 빠르게 효과적으로 평소 상태로 돌아오는 사람들의 특성을 '회복탄력성resilience'이라는 개념으로 설명한다. 회복탄력성이란 개인이 스트레스 상황에서 벗어나 스트레스 이전의 적응 수준으로 회복할 수 있는 힘이나 능력으로서, 변화된 상황적 요구—특히 좌절하고 스트레스를 야기하는 상황—에 마주했을 때 경직되기보다는 유연하게 반응하는 경향을 말한다. 최근에는 긍정심리학의 영향으로, 외상(트라우마)과 상실 등의 위협적인 사건을 경험한 사람들이 외상을 겪은 후에 오히려 성장하게 되는 긍정적인 변화를 일컫는 말로 '상실과 역경을 통한 성장GTLA, Growth Through Loss and Adversity'이라는 용어를 사용한다. 그래서 성폭력 피해자들과 같이 여러 가지 위험요인에 노출되었지만, 부정적인 정신 건강 상태로 진행되지 않고 성장할 수 있도록 돕기 위한 방법이 연구의 관심이 되고 있다. 삶에서 위기를 경험한 사람들이 자신이 처한 상황에서 의미를 찾고 자신과 자신의 삶에 대해 보다 긍정적으로 이해하고 적응해 나간다는 연구 결과도 있고, 실패나 어려움을 겪게 되더라도 자신을 긍정적으로 평가하는 사람은 좌절하지 않고 잘 기능하며 자신을 낮게 평가하는 사람보다 어려운 시기를 잘 견디게 된다는 연구 결과도 있다. 또한 아동기 성학대, 강간과 성폭력 등을 겪은 피해자들이 외상을 경험한 이후 미래에 대한 긍정적 전망을 지닐 경우 우울, 불안, 외상 후 스트레스 장애의 증상이 완화된다는 연구 결과 등이 속속 발표되고 있다.

우리 주변은 어려움을 극복한 사람들의 이야기로 가득하다. 우리에게는 고통을 딛고 다시 일어난 모델이 상당히 많다. 그리고 인정하고 싶지 않지만, 어느 정도 인생을 겪은 사람들은 동의할 수밖에 없는 사실이 있다. 고통을 겪은 후에 어떤 이는 그 고통이 독이 되어 쓰디쓴 삶을 살고, 또 어떤 이는 그 고통의 시간을 통해 오히려 보석같이 빛나게 된다는 것을.

우리는 하룻밤의 산물이 아니다. 1년의 결과도 아니며 10년의 결과도 아니다. 우리는 영혼이 있는 존재이다. 그렇기에 삶의 여정에서 원하지 않는 때에 감당할 수 없을 것 같은 고통을 만나게 되더라도, 내가 어디에서 비롯되었고 어떤 관심과 기대를 받고 있는 존재인지를 정확하게 아는 참된 지식 위에 두 발을 딛고 서야 한다. 고통의 한가운데서 오히려 고통을 딛고 일어서야 한다. 누구나 그럴 수 있다. 지금 이 순간도 우리를 바라보며 응원하고 있을, 역경을 견뎌 낸 수많은 인생의 선배들처럼 말이다.

우리는 겨울이 되면 덥다고 한 게 엊그제 같은데 벌써 겨울이라고 넋두리처럼 말한다. 또 더워지면 추웠던 게 엊그제인데 벌써 여름이 되었다고 말한다. 이처럼 우리 인생에는 늘 변화가 일어난다. 우리는 삶을 살아가면서 여러 계절을 지나간다. 눈물의 계절과 웃음의 계절이 있는가 하면, 승리의 계절과 패배의 계절 또한 있다. 높이 올라가는 계절이 있고 또 내려가고 우울해지는 계절이 있기도 하다. 우리 인생은 산꼭대기의 좋은 시간을 지나기도 하지만 또 고통 속에서 산골짜기를 걸어가야 할 때도 있다. 이 험난한 계절을 맞을 때 우리는 어떻게 해야 할까?

미래를 다룬 영화는 대부분 어둡게만 그려져 있다. 핵전쟁 또는 외계인의 침입으로 인류가 멸망하고 고작 몇 명만 살아남아 숨어서 힘들게 살아가고 있다. 나머지 사람은 감염으로 눈에 초록 물질이 흘러나오거나 좀비가 되고 만다. 그런 우울한 영화나 드라마를 보면서, 우리는 알게 모르게 우리의 미래를 어둡게 그리게 된다. 나의 인생은, 미래는 희망이 없다고 생각한다. 그래서 다른 사람의 즐거운 인생을 엿보면서 나는 그런 삶을 가질 수 없다고 절망한다. 젊은 사람들은 이렇게 생각한다. '좋은 사람은 이미 다 결혼해 버렸어. 눈을 낮춰서 아무나와 결혼해야 해. 좋은 사람은 이제 없어.' 이렇게 안주해 버리는 것이다. 다른 사람은 좋은 관계를 맺고 좋은 결혼을 하지만 나는 이미 망가진 사람, 나를 함부로 대하는 사람을 만날 수밖에 없다고 여긴다. 또 나이 든 사람들은 '이제 나는 좋은 것을 누릴 수 없어, 나의 좋은 시절은 이미 다 지나가 버렸어.' 하며 좌절한 채 시간을 흘려보낸다. 그러나 당신에게 좋은 것은 아무것도 남지 않았다고 속삭이는 것은 어두움의 소리이다. 우리의 미래에는 희망이 있다. 밝고 좋은 것을 그려 보아야 한다. 우리가 그리는 것이 현실이 된다. 내 생각과 감정에 무엇을 심느냐가 중요하다. 뿌린 대로 거두기 때문이다. 좋은 씨앗을 심으면 좋은 열매를 거둘 것이다. 비록 지금 현실이 어둡고 절망적이라고 하더라도 우리의 마음 밭에는 밝고 긍정적인 씨앗을 뿌릴 수 있다. 왜냐하면 우리는 현실에 제한받는 존재들이 아니라 현실을 만들어 나가는 존재이기 때문이다. 이 글을 읽는 당신이 지금 혹시 산골짜기의 시간을 지내고 있다면 힘내기 바란다. 삶은 그 자체로 선물이고 축복이다.

"당신에게 인생은 선물입니까?"

지금을 살기

과거의 그 경험이 아직도 내 삶을 사로잡고 있어요. 그때의 상처가 아직도 너무 고통스러워서 숨을 쉬기조차 힘들어요. 괜찮은 듯하다가도 또 불쑥불쑥 그때 그 일이 생각나서 어찌해야 할지 막막해요. 어제는 그저께를 후회했고 또 오늘은 어저께를 후회하고 있어요. 어쩌면 난 그동안 내 삶의 시간들을 늘 후회하며 살아왔어요. 그런가 하면 또 한편으로는 내일이 너무 두렵고 염려되기도 해요. 내일을 위한 대비가 충분하지 못해서, 내일을 버텨 낼 수 있는 충분한 돈이 없어서 안전하지 못하다고 느껴져요….

우리는 자칫 잘못하면, 과거와 미래 사이에 끼어서 오늘이라는 최고의 선물을 받지 못할 수도 있다. "언젠가 때가 되면 나는 담배를 끊을 거야", "언젠가 이 문제가 없어지겠지", "언젠가 결혼하면 그땐 더 행복할 거야", "언젠가 아이들을 위해 시간을 낼 수 있을 거야", "언젠가 아이들을 다 키우고 나면 괜찮을 거야", "언젠가 더 넓은 집으로 이사 가면

…", "언젠가 새 차를 사면…", "언젠가 그 자리에 오르게 되면…" 등. 12시가 지나면 우리는 어제로 다시 돌아갈 수 없다. 'Now(지금)'를 거꾸로 하면 'Won(이겼다)'이 된다. 지금은 우리에게 선물로 주어진 시간이다.

언젠가 학생들이 자기들끼리 퀴즈를 내며 놀이를 하는데, 퀴즈 문제가 "하혜숙 교수가 수업시간에 가장 많이 하는 말은 무엇인가?"였다. 그 질문을 듣고, 수업시간에 많은 이야기들을 하는데 콕 집어서 정답이라고 할 만큼 내가 수업시간에 특별히 더 자주 하는 말이 있을까 하고 생각했다. 그런데 학생들이 하나같이 "here and now~"라고 답을 하는 것이다. 순간 놀라기도 하고 재미있기도 했지만 그때서야 새삼 나도 모르게 그 말을 그토록 자주 했다는 사실을 깨달았다.

대학에서 흔히 하는 농담이 있는데 법학과 교수는 늘 사기당하고, 경제학과 교수는 항상 주식에서 망하고, 사회학과 교수는 가장 사회성이 부족하고, 상담학과 교수는 제일 공감이 부족하다는 것이다. 우스갯소리지만 사람들은 자신에게 부족한 점을 더 강조하는 것 같다.

학생들의 대답을 들은 후 한참을 웃었지만, 내가 왜 그렇게 here and now를 강조했을까 생각해 보았다. 그러고 보니 나의 삶은 늘 과거의 상처 때문에 아팠고 또 한편으로는 내일을 대비하기 위해 오늘을 저당잡힌 채 살아왔다. 지나간 시간을 후회하느라 우울했고, 즐거움은 늘 내일로 미뤘기 때문에 오늘이 항상 만족스럽지 않고 행복하지 않았다. 우리는 '언젠가 그때가 되면 병'(합격하고 나면, 돈을 벌고 나면, 결혼하고 나면, 집을 사고 나면 등등)에 걸려 있는 것 같다. 또 한편으로는 나이가 들수록 과거를 돌아보고 과거에 살기가 쉬운 것 같다. "내가 더 열심히 했다면 직장을 잃지 않았을 거야, 내가 더 노력했다면 이혼하지 않았을 거야…." 하지만 이제 모두 지난 일이다.

상담실에서 만나는 내담자들도 대부분 이와 마찬가지로 과거에 대한 후회와 미래에 대한 두려움으로 생각과 감정이 묶여 있다. 어제의 일들을 잊지 못하고 오늘의 시간을 어제를 후회하는 데 몽땅 써 버린다. 물론 우리는 때로는 화장실에 혼자 앉아서 그때 그 당시에 미처 못다 했던 말을 되뇌어 보기도 한다. 또 내일 무슨 일이 어떻게 될지 모르기 때문에 불안해하느라고 오늘을 흘려보내 버리기도 한다. 하지만 어느덧 인생의 대부분을 그렇게 보내 버리는 실수를 할 수 있다.

〈쿵푸 팬더Kung Fu Panda〉의 그 명대사를 기억하는가? 잘난 친구들에게 왕따를 당한 못난 쿵푸 팬더가 자신의 처지에 낙심해서 "그냥 다 그만두고 국수나 만들러 가는 게 낫겠다"고 한탄하며 말했을 때 사부 우그웨이가 따뜻한 목소리로 이렇게 말을 한다.

"You are too concerned about what was and what will be."
(자넨 지난 일과 앞으로의 일에 대해 너무 걱정이 많아.)

"Yesterday is history, tomorrow is a mystery, but today is a gift. That is why it is called the present."
(어제는 이미 지나간 역사이고, 내일은 미스터리같이 알 수 없지만, 오늘은 선물과 같은 것이라네. 그래서 현재present를 선물present이라고 부른다네.)

내담자의 변화를 유도하기 위한 집단상담의 여러 가지 활동 중에 '만약 내가'라는 것과 '유서 쓰기'라는 것이 있다. '만약 내가'는 만약 내가 일주일밖에 살지 못한다면 무엇을 할 것인지를 생각해 보는 것이고 '유서 쓰기'는 말 그대로 죽음을 생각하며 미리 유서를 써 보는 것이다. 이렇게 각자 작성한 내용을 다른 집단원들과 서로 나누며 이야기해 보는 것이다. 대부분의 내담자들은 이 활동을 통해서 지금 나에게 주어진 시간이 얼마나 소중한지를 깨닫는다. 우리 주변에서도 '죽다가 살아난 사람들'이 삶을 대하는 태도가 달라지는 것을 본다. 또는 암이나 큰 사고를 겪은 후 불평불만이 많던 사람이 이전과 달리 작은 것에도 감사하는 사람으로 바뀌기도 한다. 그들에게 '오늘'에 대한 특별한 이해가 새롭게 생긴 것이다. '오늘 내가 건강하게 살아 숨쉬고 있는데 내가 이런 것 때문에 걱정하고 염려할 필요가 있을까'라고 생각한다. 내일 일어날지도 모르는 일들을 염려할 때 우리는 오늘의 생명을 오롯이 누릴 수 없다.

우리는 조심하지 않으면 늘 과거의 얼어붙은 시간에 갇혀 있거나 언제 올지도 모르는 내일에 살게 된다. 그렇게 지금을 살아가는 것을 놓친다. 내일 일은 내일이 염려하게 하자. 내일에 대한 걱정은 나의 할 일이 아니라 내일의 할 일이다!

변화는 바로 지금부터이다. 사실 우리는 지금 이 순간밖에는 살 수 없다. 그러니 지금 기뻐하도록 하자. 지금이 내 삶의 최고의 시간이다.

Therefore do not worry about tomorrow, for tomorrow will worry about itself. Each day has enough trouble of its own.

(그러므로 내일 일을 염려하지 말라. 내일 일은 내일이 염려하게 하라. 한날의 괴로움은 그날로 족하니라.)

-the gospel of Matthew 6:34

"우리의 존재는 지금-여기를 살 수밖에 없는데, 우리는 항상 저기-그때를 살려고 합니다."

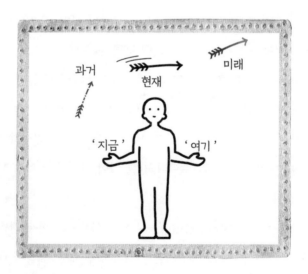

새로운 이야기 쓰기

네, 맞아요. 선생님이 말씀하신 것처럼, 제 삶엔 늘 아버지가 등장하죠. 아버지는 제가 보기에 실수를 한번도 안 하는 분이셨어요. 사람들이 생활에서 하는 사소한 실수조차도 안 하셨어요. 그래서 저는 늘 아버지 앞에서 시험 보는 것 같았어요. 아버지에게 야단맞을 일을 가급적 만들지 않으려고, 또 실수하지 않으려고 애쓰며 살아왔어요. 지금은 아버지랑 멀리 떨어져 있지만 내 눈앞에는 항상 아버지가 있어요.

내가 이 집에 시집왔을 때는 말이야… 내가 이 날 이때까지 살아오면서 겪어 온 일을 생각하면 소설 몇 권을 쓰고도 남을 거야.

"옛날 옛날에…"

어릴 적 나는 이 다섯 글자가 시작되면 눈이 초롱초롱해지면서, 앞으로 어떤 일이 일어나게 될까 하는 기대감에 사로잡혔다. 어디로 가게 될까? 공포일까, 슬픔일까, 아니면 기쁨과 행복일까? 이야기하시는 할머니 앞으로 바짝 더 다가가며 귀를 기울였다. 무슨 이야기든 좋았다. 이야기는 그렇게 나를 끌어당기는 힘이 있었다.

할머니가 들려주신 이야기의 내용은 이제 기억 저편으로 사라져 버렸지만, 그 경험은 친근함과 즐거움으로 여전히 남아 있다. 나는 할머니와 어머니에게 많은 이야기를 들었다. 주로 한 가정의 어머니이자 부인으로서 살아온 고통의 세월을 담고 있는 에피소드였다. 그 이야기를 통해 그분들을 더 많이 이해하고, 삶에 스며 있는 슬픔과 또한 그것을 품고서도 묵묵히 살아가는 인내를 배울 수 있었다.

《무어의 마지막 한숨》이라는 살만 루슈디Salman Rushdie의 소설 속 등장인물이 "우리가 죽을 때 남기는 것은 이야기뿐이다"라는 말을 했다. 우리는 이야기 속에서 태어나고 이야기를 듣고 자라며 다른 이의 이야기를 읽기도 하고 우리 삶을 통해 이야기를 만들어 간다. 이렇게 이야기는 우리 삶의 흔적이기도 하고 또한 삶을 새롭게 만들기도 한다.

상담의 여러 가지 방법 중 이야기 치료narrative therapy가 있다. 이야기 치료의 전제는 인간은 자신의 경험을 만들어 내고 해석하는 존재라는 것이다. 자신에게 일어나는 삶의 사건을 해석하고 그것에 의미를 부여하는 데 적극적으로 참여하는 존재라는 것이다. 인간은 때로는 혼자, 그리고 대부분의 경우는 항상 다른 사람과의 관계 속에서 자신의 경험을 해석하는 행위를 지속적으로 한다. 이야기는 개인의 삶을 반영하는 도구이자 개인의 삶 자체를 만들어 내고 더 나아가 정체성을 형성하기에 이른다. 사람들은 자신이 경험한 여러 사건 중에서 긍정적이든 부정적이든 특정한 것을 그 나름대로의 기준으로 선택하고 그것에 의미를 부여한다. 특정한 사건을 이야기할 때는 시간 순서에 따라 특정한 주제를 염두에 두고 줄거리를 만들어서 이야기한다. 우리네 어머니들은 "내가 어릴 적에는 말이야…." 또는 "내가 시집와서 말이야…." 등으로 시작하는 이야기들이 있다. 우리는 이야기를 말하는 과정을 통해 삶의 경험을 해석하거나 그 나름대로의 의미를 붙이고 삶을 그려 내고 또 그렇게 그려진 이야기의 삶은 우리 자신이 된다.

이런 이야기에는 몇 가지 기능이 있다. 일어난 사실을 이야기할 뿐만 아니라 그 사건에 대한 우리의 인식을 알 수 있게 해 준다. 시간이 흐른 후에도 삶의 여정에서 그 이야기는 다시 떠올라서 그때의 감동을 느끼게 해 준다. 우리는 비록 사라진다고 해도 우리의 이야기는 그대로 남아 있다.

여러 종류의 이야기가 있고 이야기의 다양한 역할이 있지만, 최근에 주목받고 있는 것은 이야기의 치료적 효과이다. 외상 후 스트레스 증상을 가진 사람들이 기억의 조각을 조직화된 정서적 이야기로 전환하면 증상 완화에 도움이 된다는 것이다. 외상을 경험한 대부분의 사람들은 외상에 대한 사고와 감정을 의도적으로 차단하는 인지적 회피를 통해 재경험의 고통을 피하려고 애를 쓴다. 이렇게 그 감정을 회피하면 외상을 장기기억 저장소에 통합할 수 없고 만성적 침투를 감소시킬 정신적 역량을 갖지 못한다. 따라서 이런 사람들은 자신이 통제할 수 없는 상황에서 외상과 연합된 사고나 정서를 반복적으로 경험하고, 이것이 만성적인 스트레스의 원인이 되어서 결국 현재의 관계와 활동을 방해한다. 정서적 이야기 만들기는 외상 기억을 다른 경험에 통합시켜서 문제에 대처하는 능력을 향상시킨다. 외상을 상기시키는 자극들이 무력감을 촉발하더라도 스트레스를 효과적으로 다루었던 다른 상황에 대한 기억으로 상쇄할 수 있기 때문이다. 학대당했던 기억을 사랑받고 지지받았던 다른 관계의 기억으로 상쇄하는 것이다.

우리는 역경을 겪었지만 그 역경의 공격에 무력하게 넘어지지 않고 오히려 삶을 되돌아보며 새롭게 의미를 부여하고 이겨 낸 수많은 사람들의 이야기를 들으며 살고 있다. 자신의 이야기를 공유하는 행위는 유대관계를 강화해 주는 잠재력을 가지고 있기 때문에 스트레스 사건이 촉발한 상실감, 소외감, 희생감 등을 해독하는 역할을 한다. 다른 이들이 자신의 이야기에 공감하거나 깊은 감명을 받았다는 것을 알면 글쓴이나 화자는 사람들 사이의 상호 연결성에 대한 믿음을 회복한다. 다른 사람들과 관계를 유지하기 위한 방법으로 자신의 이야기를 하려는 욕구는, 사람들이 왜 그토록 죽음의 수용소에서도 글을 쓰고, 멀리 떨어진 친구나 가족에게 편지를 쓰는지, 그리고 인터넷 채팅방이 왜 그렇게 인기를 누리는지 이해하게 해 준다. 친족 성폭력의 가장 큰 어려움은 가해자나 가족이 희생자가 실제로 겪은 일을 지속적으로 부인하기 때문이다. 따라서 피해자는 자신이 겪은 일을 이야기하고 다른 사람이 그 이야기를 믿고 지지해 주는 경험을 하는 것이 치유를 위한 선행조건이 된다. 암환자의 경우에도 마찬가지로, 진단 결과를 가족에게 말했을 때 사랑하는 사람들에게 받는 공감적인 지지는 투병하는 과정에서 어려움을 이겨 내는 힘으로 작용한다.

우리는 말하지 못할 때 마음의 병을 얻고 말할 때 마음이 치유될 수 있다. 아무에게도 말하지 못하던 비밀을 상담자에게 털어놓을 때 그것만으로도 마음의 긴장과 불안이 감소하는 것을 경험한다. 이것을 상담에서는 정서적 환기 효과emotional ventilation effect 또는 카타르시스catharsis라고 한다.

우리는 각자의 삶에서 자신의 '문제'를 중심에 둔 지배적 이야기dominant story를 갖고 있다. 상담자는 내담자가 갖고 있는 문제적 이야기problematic story에 대해 이전과는 다른 의미 부여와 해석을 시도해 보도록 제안한다. 이를 위해 상담자는 상담 과정에서 내담자가 자신의 문제를 여러 가지 다양한 방향에서 새롭게 해석하고 의미를 부여할 수 있도록 가능성을 열어 주는 역할을 한다. 대표적인 방법으로는 외재화externalization가 있다. 이것은 문제와 사람을 분리하는 것을 말한다. 예를 들면, 게임 중독 청소년의 경우 다음과 같이 문제의 외재화를 시도할 수 있다.

1단계에서는 문제의 특성을 기술하고 이름을 지어 보는 단계이다. 예를 들어, 게임 중독이라는 전문용어보다는 내담자가 상담 과정에서 이야기한 '중2병'이라는 용어를 그대로 쓸 수 있다. 2단계에서는 이 문제가 내담자의 생활에 어떤 영향을 미치고 있는지 찾아보는 단계이다. 예를 들어,

"중2병이 너와 엄마의 관계를 어떻게 방해했니?"라고 질문할 수 있다. 3단계는 그 문제가 내담자의 삶에 미친 영향력을 평가하는 단계이다. 예를 들어, "중2병이 이렇게 너와 엄마 사이를 힘들게 하는 것에 대해서 어떻게 생각하니?"라고 질문할 수 있다. 4단계는 '왜' 질문을 해 보는 단계이다. 예를 들어, "그동안 중2병이 일으켰던 일이 왜 문제가 되는지 설명해 줄 수 있니?"라고 질문할 수 있다.

이 외재화 과정을 이 글을 읽고 있는 당신의 문제에 적용해 보기 바란다. 이러한 시도를 통해 문제 중심의 지배적 이야기를 희망을 가지고 새로운 의미를 부여하는 대안적 이야기alternative story로 바꾸어 나가도록 도울 수 있다. 이렇게 이야기 치료의 메커니즘은 문제로 구성된 지배적 이야기를 해체하고 해결로 나아가는 대안적 이야기를 새롭게 쓸 수 있도록 돕는 것이다.

나의 경우에도 마찬가지이다. 나 혼자 내 이야기를 머금고 살다가 그것이 내 안에 독으로 퍼져 내 삶을 망가뜨리고 있었는데, 내 삶의 이야기를 내놓는 과정을 통해 조금씩 회복되기 시작했다. 아무에게도 할 수 없었던, 그리고 아무도 들어주지 않았던 내 삶의 이야기를 토해 내고 나서야 몸 속

깊이 숨을 들이쉬고 내쉴 수 있었다.

흔히 가족 사이에 대화가 필요하다고 말할 때, 그 대화는 "밥 먹었니? 숙제는 했니?" 등의 사실적 질의응답이 아니라 서로의 마음속에 있는 자신만의 이야기들을 주고받을 수 있어야 한다는 뜻이다. 사람들은 자기만의 이야기를 간직하고 있고 그 이야기를 주고받을 때 유대감을 느낄 수 있고 다시금 새로운 이야기를 써 나갈 수 있다.

이제 내 삶의 이야기를 정리해 보자. 그동안 슬픔과 불안, 질병과 고통의 이야기를 써 왔다면 우리 삶의 문제로 얽혀서 우리를 억눌러 왔던 그 지배적인 이야기를 내놓아 해체하고, 이제 기쁨과 평안, 치유와 소망의 대안적 이야기를 새롭게 써 나가길 바란다. 그리고 가족이 서로의 마음속의 이야기를 주고받는 기회가 있었으면 한다. 그래서 함께 살아가는 사람들 사이에 친밀감이 회복되었으면 좋겠다.

매일의 아침이 좋다. 소망을 이야기할 수 있어서, 새로운 다짐을 할 수 있어서….

"자, 이제 나에 대한 이야기를 새로 써 봅시다. 익숙하고 잘 알려진 '문제'를 주인공으로 캐스팅하지 말고 그동안 보이지 않던 조연들을 찾아봅시다. 아마도 삶의 단계마다 곳곳에 숨어

상담자가 건네는 말

있던 빛나는 조연들이 많을 겁니다.”

머리와 엉덩이-트루 그릿 True Grit

제 주변에는 잘난 인간이 너무 많아요. 한 친구는 머리가 엄청나게 똑똑해서 딱 봐도 쟤는 천재구나 알 수 있고, 또 한 녀석은 집이 어마어마하게 부자여서 부러울 게 없고 힘들 것도 없어요. 그런데 저는 가진 것도 없고 똑똑하지도 않은 것 같고… 출발선부터 다른 거 같고 아무리 발버둥쳐도 될까 싶기도 하고, 여하튼 좀 그래요….

한국 사회에서 공부는 온 국민의 관심사라고 해도 과언이 아니다. 사람들은 공부를 잘하고 싶어 한다. "공부를 잘하려면 어떻게 해야 하는가?", "공부를 잘하기 위해서는 무엇이 필요한가?" 자, 그렇다면 "공부는 무엇으로 하는가? 공부를 잘하려면 어떤 신체 부위가 가장 중요한가? 머리가 필요한가, 아니면 엉덩이가 필요한가?" 이 질문에 대한 답을 생각해 보자.

상담자가 건네는 말

사실 공부는 지적 능력이 있어야 잘할 수 있다. 그도 그럴 것이 당신이 학교 다닐 때 시험 점수를 받아 오면 부모님이 어떻게 반응했는가? 그뿐만 아니라 학교 다니는 당신의 자녀가 성적표를 가져왔을 때 당신의 반응은 어떠한가? 아이가 시험을 잘 못 보면, "아이고! 넌 누굴 닮아서 그렇게 머리가 나쁘니?" 하며 자신은 똑똑한데 네 엄마를 닮아서 그렇다느니, 또는 엄마는 학교 다닐 때 공부를 잘했는데 네가 아빠 닮아서 머리가 안 좋다느니 등등 아이의 머리를(지능을) 문제 삼으며 부부가 서로 떠밀기 작전에 돌입한다.

심리학의 오래된 숙제이자 논쟁 주제가 바로 이 부부의 실랑이 속에 포함되어 있다. 과연 유전이 중요한가 아니면 양육(환경)이 중요한가라는 문제이다. "Nature 대 Nurture", 즉 천성 대 양육의 논쟁은 학자들 사이에서 50:50이라는 타협을 보긴 했지만, 여전히 유전이 중요하다고 주장하는 사람들과 환경이 중요하다고 생각하는 사람들의 편 가르기는 계속되고 있다. 특히나 우리는 적어도 공부 문제에서만은 늘 지능을 더 중요하게 생각하는 것 같다. 학습심리학에서 가장 큰 관심을 두었던 연구 주제가 지능이고, 무엇보다 공부를 잘하려면 머리가 어느 정도 좋아야 한다는 생각은 사람들의 인식 속에 불변의 생각으로 자리 잡고 있는 듯하다. 그런데 최근에 공부는 '머리'로 하는 게 아니라 '엉덩이'로 한다는 주장이 제기되고 있다.

치열한 경쟁을 뚫고 입학한 엘리트인 웨스트 포인트West Point 육사생도 중에서 누가 탈락하지 않고 성공적으로 1학년을 마치고 상급학년으로 진학할 수 있을 것인가? 세계 최대 규모의 영어철자 말하기 대회인 전미철자법경시대회National Spelling Bee에서 누가 최종 우승자가 될 것인가를 연구한 결과, 끝까지 살아남은 사람은 지능이 높은 사람이 아니었다. 이와 관련된 연구를 한 앤절라 더크워스Angela Lee Duckworth 교수는 우리가 지능에 대해 잘못 알고 있으며, 누가 성공적으로 졸업하고 또 누가 최종 우승자가 될지를 결정하는 것은 지능이 아니라 바로 'Grit'이라고 주장한다.

그릿Grit은 우리말로는 '[명사] 기개, 기골, 불굴의 정신, 용기, 담력, 배짱, [동사] (이 등을) 뿌드득 갈다, 악물다' 등으로 번역될 수 있다. 원래 이 단어는 학술적인 용어가 아니라 존 웨인의 서부영화 〈진정한 용기True Grit〉에서 따온 것인데, 한 소녀가 아버지의 복수를 위해서 노력하는 과정을 그린 영화이다. 이 소녀에게 복수는 사실 불가능한 목표였지만, 결국에는 많은 역경을 딛고 목표를 달성한다는 내용이다. 따라서 그릿은 "매우 장기적인 목표를 향해 관심과 노력을 지속적으로 지탱하는 경향"(Duckworth et al., 2007)으로 정의된다. 은행 투자자, 화가, 기자, 교수, 의사, 변호사 등 최고의 목표를 이룬 사람들을 인터뷰한 연구에서, 해당 분야에서 가장 큰 성취를 이룬 사람들에게 어떤 특성이 있는지를 탐색했을 때 공통적으로 나온 특성이 바로 그릿이었다. 재미있는 것은 그 분야에서 자신보다 더 재능 있는 천재적인 동료들이 있었지만 그들은 선두의 자리에 서지 못했다는 점이다.

그릿이 높은 사람은 실패하거나 문제가 발생해도 장기적인 목표를 위해서 지속적으로 노력하고 그 일에 대한 관심을 유지한다. 그릿이 높은 사람은 성취를 마라톤으로 본다. 일반적인 사람들은 목표를 향해 나아가는 과정에서 장애물이나 문제에 직면하면 실망하거나 다른 길로 가야 하는 신호로 받아들이지만, 그릿이 높은 사람들은 '그럼에도 불구하고' 그 길을 계속 간다. 아카데미 주연상을 받은 배우들도 처음부터 그들이 다른 배우들보다 뛰어난 재능을 지녔

다기보다는 중간에 그만두지 않고 그 일을 계속했기 때문에 그 상을 받을 수 있었다는 것이다.

    하버드대학의 콕스Cox(1926) 교수는 천재들의 특성으로 마음이 쉽게 변해서 자신이 수행하고 있는 일을 그만두지 않는 경향, 장벽이 있더라도 일을 그만두지 않는 경향이 있다고 언급했다. 골턴Galton(1892)은 판사, 의사, 과학자, 시인, 음악가 등에 대한 생체 정보를 수집했는데, 능력만으로 어떤 분야에 성공할 수는 없다는 결론을 내렸고, 대신 능력과 더불어 열정과 강도 높은 노력을 할 수 있는 역량이 필요하다고 제안했다. 다윈Darwin이 골턴에게 보낸 편지에는 이런 말이 있다고 한다. "아주 바보들 외에 인간의 지능은 그리 큰 차이가 없고 다만 열정과 노력에는 차이가 있다. 그리고 나는 이게 아주 중요한 차이라고 생각한다." 그리고 존 스타우트John Stout 목사는 이런 말을 남기기도 했다. "생각을 심으면 행동을 거두고, 행동을 심으면 습관을 거두고, 습관을 심으면 성품을 거두고, 성품을 심으면 운명을 거둔다."

    그러니까 결론적으로 앞의 질문에 답을 해 보라고 한다면, 공부를 잘하려면 머리보다 '엉덩이'가 필요하다.

최근에는 '십년의 법칙'이라는 말이 많은 사람에게 오르내리고 있다. 말콤 글래드웰Malcolm Gladwell이 쓴 《아웃라이어Outlier》라는 책에는 '매직넘버 1만 시간'이라는 말이 나온다. 어떤 분야에서 성공하기 위해서는 재능을 빛내기 위한 일정한 필요 시간이 있는데, 그것이 바로 1만 시간이라는 것이다. 각 분야에서 성공을 거둔 음악가, 소설가, 예술가, 운동선수 등을 살펴본 결과 (심지어 도박꾼까지도) 예외 없이 1만 시간의 노력이 있었던 것으로 나타났다. 하루에 세 시간씩 또는 일주일에 스무 시간씩 공부한다고 했을 때 10년이 걸리는 시간이다. 십년의 법칙에 대한 그래프는 어떤 영역이든 적용될 수 있다.

뭔가를 이루고 싶다면, 누군가를 이기고 싶다면, 어디에선가 성공하고 싶다면 기억해야 할 한 가지가 바로 끝까지 버텨야 한다는 것이다. 아무리 좋은 곳이라도 어떤 일이든 하다 보면 중간에 고비가 오게 마련이다. 그만두고 싶고 포기하고 싶은 순간이 있다. 바로 그때가 그릿이 필요한 순간이다. 설령 벌써 포기했다고 하더라도 다시 하면 된다. 끝까지 버티는 건 아무것도 없어도 할 수 있는 유일한 것이다.

"무언가 엄청난 일을 해내야만 영웅이 되는 것이 아닙니다.

죽지 않고 끝까지 살아남는 자가 영웅입니다."

* 기본개념 참고문헌

하혜숙 · 임효진 · 황매향(2015). 〈끈기와 자기통제 집단수준에 따른 성격요인의 예측력 및 학교 부적응과 학업 성취의 관계〉.

말콤 글래드웰, 노정태 역(2009). 《아웃라이어: 성공의 기회를 발견한 사람들 (Outliers: the story of suceess)》. 김영사.

Duckworth, A. L., Peterson, C., Matthews, M. D., & Kelly, D. R. (2007). Grit: Perseverance and passion for long-term goals. *Journal of Personality and Social Psychology*, 92(6), 1087–1101.

상담자가 건네는 말

3부

───────◆───────

관계 맺기

공감대화법

저는 인기가 좀 많았으면 좋겠어요. 친구들 사이에 보면, 왜 말도 유창하게 하고 아이들과 잘 어울리고 농담도 재미있게 해서 주목받는 애들이 있어요. 개네들이 부러워요. 저도 그랬으면 좋겠어요. 친구들하고 어울릴 때 무슨 말을 어떻게 해야 좋은지, 어떻게 해야 친구들이 좋아할지 고민이 돼요. 고민하다가 보면 친구들 화제가 다른 걸로 바뀌어 있고 그래서 또 말할 기회를 놓치고 맨날 그래요.

"당신은 입이 예쁘다고 생각하는가, 아니면 귀가 예쁘다고 생각하는가?"

이것은 상담 수업을 시작하기 전에 학생들에게 가장 먼저 하는 질문이다. 주변을 둘러보면 예쁜 입을 가진 사람이 있고 또는 예쁜 귀를 가진 사람도 있다. 사람들은 입이 예쁜 사람을 좋아한다. 다시 말해서 우리는 언변이 좋은 사람을 칭찬한다. "어쩜 저렇게 말을 잘할까? 나도 저렇게 말을 잘하면 참 좋겠다"라며 부러워하기도 한다.

나 또한 마찬가지로 상담을 공부하면서 무슨 말을 어떻게 해야 내담자에게 좋은 상담을 해 줄 수 있을까로 고민한 적이 있었다. 특히 초보 상담자일 때는 내담자가 한참 동안 고민을 털어놓고 있노라면, 내담자의 말이 다 끝나고 나면 뭐라고 말해 줘야 할까? 어떻게 말을 해야, 무슨 말을 해야 내가 좋은 상담을 하는 걸까 하고 고심했다. 그래서 어쩌다 좋은 해결책을 내놓거나 멋진 말을 하고 나면 스스로 대견해하고 상담자로서 자질이 있는 것 같다고 뿌듯해했지만 또 어떤 때는 무슨 말을 해 줘야 할지 도무지 알 수도 없을 때도 있었다. 좋은 해결책도 보이지 않고 어찌해야 할지 몰라 막막해서 적절한 말을 해 주지 못할 때면 자괴감에 빠지고, 내담자가 나를 무능한 상담자로 볼 것 같아 낙담하기도 했다.

결국 나는 상담자로서 말을 잘해야 한다고 생각하고 있었던 것이다. 내담자들은 입이 예쁜 상담자를 원할 것이라고 생각했다. 그런데 시간이 흐를수록 상담을 공부하면서 상담자가 어떤 말을 얼마나 잘하느냐보다 내담자의 말을 얼마나 잘 들을 수 있느냐가 더 중요하다는 사실을 깨달았다. 그러니까 내담자에게는 입이 예쁜 상담자보다는 귀가 예쁜 상담자가 더 필요하다. 사람들은 말을 잘하는 사람을 칭찬하지만 정작 귀가 예쁜 사람 곁에 있고 싶어 한다. 다만 '예쁜 귀'라고 할 때, 그저 듣기만 하는 것을 뜻하지 않는다. 귀가 있어도 정작 듣지 못할 때가 있기 때문이다. 그렇다면 잘 듣는다는 것은 어떤 것일까?

일반적인 가정의 저녁시간을 한번 들여다보도록 하자. 아내는 하루 종일 집 안에 있었던 여러 가지 일에 대해서 남편과 이야기하기를 원한다. 그래서 저녁 식사를 마치고 신문을 보고 있는 남편에게 다가가서 얘기 좀 하자고 말을 건넨다. 그러면 남편은 신문을 보면서 말을 해 보라고 대답한다. 아내가 얘기를 풀어놓기 시작하지만 남편은 계속 신문을 보고 있다. 결국 아내가 남편에게 "여보, 내 말 좀 들어 봐요"라고 하자 남편은 여전히 신문을 보면서 "다 듣고 있으니까 그냥 말해요"라고 대답한다.

물론 우리의 감각기관이 독립적으로 형성되어 있기 때문에 남편이 눈으로는 신문을 보고 있더라도 귀로는 열심히 아내의 말을 듣고 있을 수도 있다. 하지만 아내의 입장에서는 남편이 자신의 말에 귀를 기울이지 않는 것 같아 섭섭해서 더 이상 말할 기분이 나지 않는다.

눈은 대화에서 매우 중요한 역할을 한다. 눈을 마주치는 것은 중요한 비언어적 행동이다. 상담자가 내담자를 만날 때 가장 먼저 살피는 것이 '눈 마주치기eye contact'이다. 눈 마주치기를 피하거나 포기하는 것은 불안하거나 이야기하고 싶지 않음을 나타내기 때문이다. 흔히 두 사람이 만나면 얼마나 자주 그리고 언제 서로를 볼 것인지를 협상하는데, 이러한 협상은 무의식적이고 비언어적 수준에서 발생하기 때문에 사람들은 의식적으로 이러한 협상을 자각하지는 못한다. 우리는 대화할 때 눈 마주치기를 통해 피드백을 주고받고 상대방을 이해하고 있다는 것을 나타낸다. 소통하기를 원한다면 상대의 비언어적 표현을 보면서 들어야 한다. 왜냐하면 메시지를 언어적 메시지와 비언어적 메시지로 구분해 볼 때, 말로 나타나는 언어적 메시지보다는 얼굴 표정, 눈빛, 몸짓과 같은 비언어적 메시지가 차지하는 비율이 훨씬 크고 강력하기 때문이다. 따라서 잘 듣기 위해서는 상대의 몸짓과 표정과 태도 속에서 배어 나오는 소리까지 잘 들을 수 있어야 한다.

이처럼 일상생활뿐만 아니라 상담에서 가장 강조하는 것

을 한 가지 꼽으라면 아마도 '경청'이라고 할 수 있다. 경청을 한마디로 하자면 내담자의 말에 귀를 기울이는 것이다. 경청을 한자로 한번 살펴보자. 경傾(기울일 경)은, 그 사람을 향하는 것을 뜻한다. 경청에는 신체적으로 내담자를 향한다는 주의집중 행동까지 포함되어 있다. 앞의 예에서 이야기를 듣는 남편의 태도에 아내가 불편함을 느낀 것은 주의집중 행동이 나타나지 않았기 때문이다. 청聽(들을 청)이라는 글자는, 耳(귀 이), 目(눈 목), 心(마음 심)으로 글자가 구성되어 있다. 이것을 풀이하자면, 들을 '청'이라는 한 글자가 완성되기 위해서는 귀로 듣고 눈으로 보고 마음으로 공감해야 한다는 것이다. 그래서 상대방을 경청한다는 것은 주의를 집중하면서 그 사람을 향해서 몸을 기울이고, 그 사람이 하는 말을 들으면서 동시에 상대방의 눈을 맞추어 바라보고, 그 사람의 이야기를 이해하려고 하는 마음까지 포함하는 것이다.

이처럼 신체적으로 내담자를 향하는 주의집중과 함께 내담자의 언어적 메시지뿐만 아니라 비언어적 메시지까지, 그리고 명확한 메시지뿐만 아니라 불명확한 메시지도 포착하고 이해하는 것을 경청이라고 한다. 그래서 경청하기를 흔히들 '세 번째 귀third ear로 듣는 것'이라고 표현한다. 사람의 귀는 두 개인데, 세 번째 귀는 어디에 있을까? 그렇다.
세 번째 귀는 바로 사람의 마음에 있다!

"무릇 귀 있는 자는 들을 지어다"라는 말이 성경에 여러
차례 나온다. 우리는 모두 귀를 가지고 있다. 그런데 귀 있
는 사람은 들으라고 하는 표현이 좀 이상하지 않은가? 사
실, 귀를 통해 물리적으로 소리가 입력된다고 하더라도 우
리가 그 말의 뜻을 제대로 이해하지 못할 수 있기 때문이
다. 즉, 상대방을 공감하면서 들어야 비로소 들린다는 의
미이다. 우리는 공감을 표현할 때 역지사지易地思之의 태도가
필요하다고 말한다. 공감적으로 이해한다는 의미의 영어
단어인 understand를 상대의 자리에 내려가under 상대방의
입장에 서 봐야stand 비로소 이해understand가 된다는 것으로 의
미 풀이를 하기도 한다. 이러한 공감적 이해를 바탕으로 경
청할 때 비로소 '듣는다'고 할 수 있다.

공감적 이해empathetic understand란 자신이 직접 경험하지 않
고도 다른 사람의 감정을 거의 같은 내용과 수준으로 이해
하는 것을 말한다. '공감적'이라는 것은 관찰할 수 있는 것
뿐만 아니라 내담자의 감정, 태도, 신념과 같이 관찰할 수

없는 것까지도 정확하게 의미를 포착한다는 뜻이다. 이렇게 정확한 공감적 이해를 통해 내담자가 자신이 이해받고 있다고 느끼면 상담자를 신뢰하게 되어 자신을 깊이 드러내 보인다. 이 과정이 진행될 때 촉진적인 관계raport가 형성될 수 있다.

상담자가 되기 위해서 상담기법 훈련을 받을 때, 가장 중요하게 생각하는 것이 바로 공감 훈련이다. 공감적 태도를 익히기 위해서 공감 수준을 나누어서 수준별로 변별하는 연습을 하기도 한다. 공감적 이해를 5수준으로 나누어 보면 다음과 같다(이장호·금명자, 2012).

1수준: 상대방의 언어와 행동 표현의 내용에서 크게 벗어나거나 해당 내용에 주의를 기울이지 않기 때문에 감정과 의사소통에서 상대방이 표현한 것에 훨씬 못 미치게 소통하는 수준이다. 이때는 상대방의 감정이나 경험을 전혀 이해하지 못하기 때문에 공감이 일어나지 않는다. 오히려 상대에게 비난을 하기도 한다.

2수준: 상대방이 표현한 감정에 반응은 하지만 상대방이 표현한 것 중에서 가장 중요하고 주목할 만한 감정은 제외하고 의사소통하는 수준이다. 1수준과 비슷하지만 상대에게 비난이나 질책을 하지는 않는다.

3수준: 상대방이 표현한 것과 본질적으로 같은 정서와 의미를 표현해 줌으로써 상호 교류적인 의사소통을 하는 수준이다. 아무런 비난 없이 힘들고 아픈 마음을 함께 느껴 주고 들어준다. 하지만 아직도 마음의 근본적인 상태까지는 이해하지 못한다.

4수준: 상대방이 스스로 표현할 수 있었던 것보다 더 내면적인 감정을 표현해 주면서 소통하는 수준이다. 3수준의 공감에서 더 나아가 상대방이 이야기하지 않은 부분의 감정까지도 읽어 준다.

5수준: 상대방과 동일한 몰입 수준에서 의사소통을 하면서 적극적인 성장 동기를 이해하고 표현해 준다. 4수준의 공감에서 더 깊이 들어가 상대방이 느끼는 감정의 근본적인 원인까지도 헤아릴 수 있다. 가장 큰 특징은 스스로도 깨닫지 못했던 성장 동기를 발견해 주는 것이다.

공감 수준을 구별하기 위해서 실제 대화에서 연습해 보는 것이 필요하다. 다음은 엄마와 자녀의 대화이다. ㉮에서 ㉤까지의 반응을 모두 읽어 본 후에, 밑줄 친 빈칸에 1수준부터 5수준을 구분해 보기 바란다.

"엄마, 나가세요. 노크도 없이 막 들어오시면 어떡해요. 여긴 내 방인데……."

____ ㉮ "너도 이젠 컸으니 너만의 세계를 가지고 싶은 게로구나."

____ ㉯ "엄마가 자식 방에도 맘대로 못 들어가니? 조그만 게 무슨 비밀이 있다고."

____ ㉰ "네 방에 노크도 없이 불쑥 들어와서 기분이 몹시 상했나 보구나."

____ ㉱ "네가 화가 난 모양인데, 엄마가 자식 방에 들어갈 때도 꼭 노크를 해야 하니?"

____ ㉲ "혼자 있고 싶었는데 방해를 받아서 언짢았구나?"

1수준에 해당되는 반응은 ㉯번이다. 자녀의 마음을 알아

주기보다는 엄마의 입장에서 상황을 판단하고 말하는 것이다. 2수준에 해당되는 반응은 ㉣번이다. 자녀가 화가 난 것을 알아차리고 반응은 하지만 아직도 상대방을 공감하지는 못하고 있다. 3수준에 해당되는 반응은 ㉰번이다. 자녀가 화가 난 것을 알아차릴 뿐만 아니라 왜 화가 났는지 이해하고 그것을 표현하고 있다. 여기서부터가 비로소 공감적 반응이라고 할 수 있다. 4수준은 이러한 기본적 공감보다 한 단계 더 나아가는 반응인데, ㉯번이라고 할 수 있다. 자녀가 화가 난 것을 표면적으로 인지하고 이해해 줄 뿐만 아니라 왜 그렇게 화를 내는지 자녀의 마음을 헤아려서 더 깊이 대변해 주는 것이다. 그렇다면 가장 높은 수준인 5수준은 지금까지의 반응과 무엇이 다를까? 이 사례에서 5수준 반응은 ㉮번이다. ㉮의 반응이 다른 반응과 구분되는 것은 '성장 동기'를 이해하고 표현한 점이다. 어찌 보면 자신도 스스로 깨닫지 못하고 있던 부분을 상대방이 알아주는 것이다. 우리는 자신을 '알아주는' 사람을 좋은 사람이라고 느낀다. 화를 내는 부정적인 감정만을 보고 반응하는 것이 아니라 부정적인 감정 이면에 있는 긍정적 욕구, 즉 성장 동기를 발견하고 이해하고 표현해 주는 것이다. 사실 화가 나는 이유는 잘하고자 하는 마음이 있기 때문에 결과적으로 일어난 것임을 알아주는 것이다.

　지금까지 살펴보았듯이, 우리는 소통하기 위해 먼저 들어야 하고 듣는다는 것은 단지 소리를 듣는 것이 아니라 우리 내면의 깊은 곳을 들여다보고 존재의 본질적인 부분, 성장 동기를 회복할 수 있도록 돕는 것이다.

"가까워지고 싶은 사람이 있다면 이제는 무슨 말을 할지가 아니라 무엇을 들을지 준비하세요. 그렇다면 5분의 짧은 대화라도 상대방과 마음을 나누고 더 가까워질 겁니다."

* 기본개념 참고도서
　이장호 · 금명자(2012).《상담연습교본》. 법문사.

상담자처럼 대화하기

맘이 답답했는데, 사실 첨에 갈 때까지만 해도 별 기대는 안 했거든요. 근데 상담을 하고 나니까 사실 달라진 건 하나도 없는데, 맘이 좀 편하더라고요. 그래서 사람들이 상담을 받나 봐요. 그냥 좀 그래도 누군가에게 말할 수 있고 누군가 내가 하는 말을 알아주는구나… 생각하니까 좀 살 것 같아요.

상담자는 말로 먹고산다. 어떤 이는 그냥 앉아서 대화하는데 왜 그렇게 상담료가 비싸냐고 의문을 제기하기도 한다. 상담이 그냥 수다를 하는 것과 무엇이 다를까? 상담자가 그저 자연스럽게 편안하게 말하는 것처럼 보이지만, 상담자가 하는 반응과 질문은 그 나름의 치료적 목적이 있고 훈련된 기법에 따른 것이다. 그냥 한 시간 동안 이야기만 하고 나왔는데 뭔가 내가 이해받은 것 같고 복잡하던 마음이 조금은 정리가 된 듯한 느낌이 생기는 것은 상담자의 훈련에 따른 개입 때문이다. 따라서 상담자의 대화기법을 일상의 관계에 적용한다면 관계 맺기에 도움을 받을 수 있다. 자, 그럼 이제부터 상담자처럼 반응하고 질문하기 위해 상담자가 훈련하는 몇 가지 기법을 공부해 보자.

1. 재진술restatement은 상대방이 말한 내용이나 의미를 그대로 다시 말하거나 바꾸어 말하는 것이다. 재진술을 하기 위해서 반복repeating하거나, 환언paraphrasing하거나, 요약summarizing하는 방법을 사용할 수 있다. 반복하기는 말 그대로 상대방이 했던 말 중에서 중요하다고 생각되는 부분을 다시 말해 주는 것이고, 환언하기는 상대방의 말을 듣고 내가 이해한 대로 다시 말해 주는 것이다. 그리고 요약하기는 상대방이 길게 말을 하고 난 후에 활용하면 도움이 된다.

반복하기

내담자: 기숙사 룸메이트가 맨날 늦게까지 게임을 해서 잠을 못 자겠어요.

상담자: 룸메이트 때문에 제때 잠자기가 힘들구나.

환언하기

내담자: 직장에서 하루 종일 시달리다가 집에 오면 집안일
은 쌓여 있고 애들 숙제도 봐 줘야 하고 난 왜 이
렇게 여유가 없나 싶어요.

상담자: 직장에서도 집에서도 쉴 수가 없군요.

요약하기

내담자: 아버지는 취직을 하라고 하시고 어머니는 대학원
을 가라고 하시고, 아버지 말을 들으면 취직해서
돈을 버는 게 맞는 것 같고 또 어머니 말을 들으면
공부를 더 하는 게 맞는 것 같은데 도무지 어떻게
해야 할지 모르겠어요.

상담자: 아버지와 어머니 사이에서 진로를 어떻게 결정해
야 할지 모르겠다는 말이군요.

이러한 재진술은 상대방이 전달하는 내용이 분명하지
않을 때, 여러 가지 내용을 한꺼번에 말하려고 할 때, 너
무 길게 말할 때, 스스로 무슨 말을 하고 있는지 혼란에
빠졌을 때, 상대방의 이야기 중에 초점을 맞추어야 할 내
용이 나왔을 때, 상대방의 말을 충분히 이해하고 있는지

혼동스러울 때 활용하면 도움이 된다. 다만 이때 상대방의 말 중에서 가장 중요하다고 생각되는 핵심적인 내용에 초점을 맞추고, 이야기 속에 등장하는 제삼자의 생각이나 입장이 아니라 상대방의 생각과 입장에 초점을 맞추는 것이 중요하다. 되도록 짧고 간결하게, 천천히, 지지적인 태도로 하되, 내가 한 재진술이 틀렸을 때 상대방이 편하게 수정하거나 거부할 수 있도록 "~는군요", "~로 들리는데요", "~인 것 같네요" 등의 표현 형태를 취하는 것이 좋다.

이때 중요한 것은 정답을 맞혀야 한다는 부담감을 내려놓고, 상대방이 '내 말을 잘 들어주고 있구나', '이해하려고 노력하고 있구나'라는 메시지를 전달받도록 하는 것이다. 앞의 예에서 룸메이트 때문에 잠을 잘 수가 없다고 할 때, 귀마개나 안대를 해 보라고 조언하거나, 몇 시까지 게임을 했냐고 묻거나, 아니면 나도 그런 적이 있었다고 하면서 이야기의 초점을 자신에게로 옮기는 경우가 많다. 항상 기억해야 할 것은 지금 내 앞에서 이야기하고 있는 사람에게 초점을 맞추고 유지하는 것이다.

상담자가 건네는 말

2. 감정반영reflection은 상대방의 감정을 이해하기 위해 상대방의 느낌을 강조하고 상대방의 말을 반복하거나 부연 설명하는 것이다. 사실, 우리가 어떤 사람과 이야기하고 난 후 '내 마음을 알아준다'고 할 때는 주로 나의 감정을 이해해 줄 때이다. 감정을 반영해 줄 때, 상대방은 자신의 느낌이 무엇인지 다시금 생각하고 점검하는 기회를 갖는다. 하지만 이때 상대방의 감정에 대해 다 알고 있다는 듯이 말하거나 행동하지 않도록 유의해야 한다. 감정반영을 한결 쉽게 적용하기 위해 두 가지 공식을 차례로 살펴보자.

공식 1 "~하게 느끼시는군요."

→ 상대방의 감정 상태 자체에 대한 탐색을 촉진

내담자: 열받아서 미쳐 버리겠어요.

상담자: 분노를 느끼시는군요. (화가 많이 나는군요, 화가 나는구나, 열받는구나)

공식 2 "~ 때문에(할 때) ~을 느끼는군요."

→ 특정 감정을 느끼게 한 감정의 원인을 이야기하기

내담자: 이번에 시험에 떨어지고 나서는 밖에 나가기도 싫고 입맛도 없고 그냥 아무것도 하고 싶지가 않아요.

상담자: 불합격한 것 때문에 무기력감을 느끼는군요. (시험에 떨어지고 나서 힘들군요, 떨어지고 나니 많이 힘들구나)

이때 과거보다는 현재의 경험을 반영하고. 반영은 짧고 간결하게 하며 상대방에게 초점을 맞추되 진술문의 형태를 다양화하는 것이 좋다. 예를 들어, "지난주에 헤어지고 나서 힘들었나 보네요"(과거에 초점)라고 하기보다는, "남자친구와 헤어졌다고 말하는 지금 당신이 힘들어 보이네요"(현재 감정에 초점 맞추기)라고 하는 것이 더 효과적이다. 감정 반영이 정확하지 않거나 유용하지 않을 때 상대방은 반응을 하지 않거나 또는 "아니, 그게 아니고", "꼭 그런 건 아니고" 등의 표현으로 진술을 거부할 것이다. 만약 감정 반영이 효과적이라면 상대방은 "그래 맞아"라고 반응하거나 계속 이야기를 이어 갈 것이다. 다만 감정 반영을 하려고 할 때, 상대방의 가장 강렬한 감정을 포착하기가 쉽지 않고, 때로는 너무 단정적으로 말할 위험성이 있기 때문에 가급적 가설적 형태(~ 한 것 같군요)를 취하는 것이 좋다.

상담자가 건네는 말

3. 질문기법question: 상담 과정은 주로 상담자의 질문으로 이루어진다고 해도 과언이 아니다. 일상 대화에서 주고받는 질문과 상담자의 질문은 무엇이 다를까? 상담자가 하는 거의 모든 질문은 치료적 의도가 있는 개입이다. 필요한 정보를 얻기 위해서, 내담자의 마음을 탐색하기 위해서, 내담자의 말을 명확하게 하기 위해서, 대화의 실마리를 풀기 위해서, 직면이나 해석을 위한 수단으로 질문을 한다. 그렇다면 질문을 좀 더 구체적으로 알아보자.

질문에는 닫힌 질문과 열린 질문이 있다. 열린 질문open question(개방형 질문)은 상대방이 '응, 아니' 등의 짧은 대답에만 그치지 않고, 그 이상의 이야기를 이끌어 내도록 한다. 열린 질문을 받으면, 우리는 편안하게 자신의 생각과 감정을 탐색한다. 닫힌 질문close question(폐쇄형 질문)은 구체적으로 제한된 정보를 얻고자 할 때 사용한다. 열린 질문과 닫힌 질문은 역할과 기능이 다르기 때문에 목적에 따라 사용하는 것이 좋다. 다만 우리가 일상에서 알게 모르게 닫힌 질문을 습관적으로 많이 하는데, 대화를 이어 가기 위해서는 닫힌 질문보다는 열린 질문을 많이 사용하는 것이 좋다. 다음은 어떤 질문인가 답해 보자.

- 학교 갔다 왔니?
- 술 마셨니?
- 헤어졌니?

이 질문들은 닫힌 질문이어서 '네, 아니요'로 답한 후에 대화가 이어지기가 어렵다. 이렇게 닫힌 질문을 열린 질문으로 바꿔 보자.

- 학교에서 어땠니?
- 술 마신 건 좀 어떠니?
- 남자친구와는 어떻게 됐니?

이렇게 여지를 주면 상대방이 자신에 대해서 좀 더 설명할 수 있는 기회를 갖고 대화가 이어진다. 많은 부모가 자녀들에게 "학교 갔다 왔니? 숙제했니? 학원 수업은 갔다 왔니?" 등의 닫힌 질문을 하면서 자녀가 말을 잘 안 한다고 불평을 한다. 질문을 좀 더 열린 형태로 바꾸어 보자.

4. 질문은 직접질문과 간접질문으로 구분할 수도 있다. 직접질문은 물음표로 끝나는 의문문 문장이다. 반면 간접

질문은 물음표가 없지만 사실상 묻는 내용을 담고 있다. "직장에서 무슨 큰일이 있었나요?"라고 묻는 것은 직접질문이다. 반면 "직장에서 어떤 큰일이 있었는지 궁금하네요"라고 묻는 것은 간접질문이다. 직접질문 형태인 "아들이 하루 종일 게임할 때 기분이 어떠세요?"를 간접질문으로 바꿔 보라. "아들이 하루 종일 게임하는 것에 대해 어떻게 느끼시는지 궁금하네요"라고 변형해 볼 수 있다. 상담자의 말이 왠지 모르게 부드럽게 다가오는 것은, 대화에서 간접질문의 형태를 많이 사용하기 때문이다.

5. 상담에서 '왜why'라고 묻는 형태의 질문은 잘 사용하지 않는다. 왜냐하면 상대방에게 책임 추궁을 하거나 비난하는 것으로 여겨질 수 있기 때문이다. '왜'라고 질문을 받으면 자신도 모르는 사이에 방어적인 태도를 취하게 된다. 물론 왜라는 질문을 절대로 해서는 안 된다는 뜻이 아니다. 다만 상대방을 수용하고자 하는 태도를 전달하기 위해서는 가급적 형태를 바꾸어서 활용하는 것이 좋다. '왜' 질문을 좀 더 수용적인 형태로 바꾸는 연습을 해 보자.

〈'왜' 질문〉	〈좀 더 수용적인 질문 형태〉
"왜 그렇게 생각했습니까?" ➡	"어떤 점(무엇) 때문에 그렇게 생각하게 되었나요?"
"왜 화가 났나요?" ➡	"화가 난 이유가 무엇인가요?"
"거기 가지 말랬는데 왜 또 갔어?" ➡	"거기 가게 된 이유가 있을까?" "어쩌다가 거기 다시 가게 되었을까?"
"왜 그랬어?" ➡	"그렇게 한 이유가 뭘까?" "그렇게 한 건 무엇 때문이니?"

5. 빠진 부분 메꾸기

내담자가 상담실에서 하는 이야기 중에는 생략된 부분이 많다. 자신이 했던 경험을 언어로 표현하는 과정에서 생략되거나 왜곡되거나 지나치게 일반화되기 때문이다. 따라서 상대방의 경험 속으로 깊이 다가가서 제대로 이해하기 위해서는 이러한 부분에 질문을 해 주는 것이 필요하다.

상대방이 "화가 나요"라고 할 때, "무엇에(누구에게) 화가 나나요?"라고 물을 수 있다. "엄마가 잔소리할 때요"라고 답할 때, "엄마가 어떤 잔소리를 하나요?"라고 구체화하는 것을 도울 수 있다. 그렇다면 상대방의 말에 생략이 있다는 것을 어떻게 알 수 있을까? 주로 비교급이나 최상급에 대한 표현이 있거나("내가 제일 못해"), '확실히' 또는 '분명히' 등의 표현이 있거나("사장님이 날 싫어하는 게 확실해"), 비합리적 생각이나 극단적 표현이 있으면("저는 모든 사람에게 좋게 보여야 해요", "완전히 끝장이에요") 상대방의 진짜 경험에 접근하기 위해 구체화하는 추가 질문이 필요하다. 상대방이 극단적 생각이나 비합리적 생각이 있다면 OBQ~Out of Box Question~["만약 그렇게 하면(혹은 하지 않으면) 어떻게 되나요?"]를 시도해 보는 것도 좋다.

" 난 당신이 어떻게 느끼는지 알 것 같아. "

* 기본개념 참고도서

김계현(2002). 《카운슬링의 실제》. 학지사.

클라라 힐 저, 주은선 역(2012). 《상담의 기술(*Helping skills: Facilitating exploration, insight, and action*)》. 학지사.

칭찬의 기술

도대체 애들은 알다가도 모르겠어요. 애가 사춘기라 온 가족이 얼마나 눈치 보며 살고 있는데… 애 눈치 보면서 잘 못해도 잘했다고 칭찬해 주고, 속에서 화가 치밀어 올라도 꾹 참고 칭찬해 주는데, 되레 적반하장으로 입은 뚱하게 내밀고 문은 쾅 닫고 버럭버럭 화내고 더 이상 뭘 어쩌란 말인지. 정말이지 힘들어 죽겠어요.

다음 명제가 참인지 거짓인지 생각해 보자.

칭찬은 부정적인 것이다.

칭찬은 긍정적인 것이다.

정답은 두 가지 명제 모두 참이 될 수 있다는 것이다. 왜냐하면 판단하는 칭찬은 파괴적이고 부정적이고, 인정하는 칭찬은 건설적이고 긍정적이기 때문이다. 상담에서 부모들이 토로하는 어려움 가운데 하나가, 아이들에게 칭찬을 해 줬지만 전혀 소용이 없었다는 것이다. 아이가 얌전히 있는 모습이 기특해서 "철수야, 너 참 착하구나"라고 칭찬을 해 줬지만 칭찬이 끝나기가 무섭게 이내 방 안을 난장판으로 어질러 놓았다는 것이다. 사람들은 대부분 칭찬이 모든 아이에게 자신감과 긍정적인 효과를 준다고 믿는다. 그래서 한때는 칭찬은 고래도 춤을 추게 한다는 책이 유행했다. 하지만 한 가지 기억해야 할 것은, 실제로는 칭찬이 긴장을 일으킬 수 있고 나쁜 버릇이 생기게 만들 수도 있다는 것이다. 왜냐하면 아이들은 때로 가족이나 세상에 대해 나쁜 생각을 품기 때문이다. 그런데 부모나 어른들이 "너는 착한 아이야"라고 칭찬을 하면, 아이들은 자기가 했던 나쁜 생각이나 행동 때문에 칭찬의 말을 액면 그대로 받아들이지 못한다. 바로 얼마 전에 동생이 없어져 버렸으면, 아빠가 병원에 입원해서 집에 들어오지 않았으면 좋겠다고 생각한 적이 있기 때문이다. 만약 칭찬을 수없이 하는데도 아이의 버릇이 더 나빠졌다면 그것은 의식적이든 무의식적이든 그 아이가 자기 모습을 있는 그대로 보여 주려고 애쓰고 있기 때문이다. 버릇없는 행동은 자신을 바라보는 주위의 시선에 대한 불안감을 표현하는 그 나름의 방법일 수 있다. 영리하다고 칭찬받는 아이가 오히려 시험공부를 하지 않으려고 하는 모습을 종종 보이는 것은, 자기가 누리고 있는 높은 평가를 위험에 빠뜨리고 싶지 않기 때문이다. 자기의 본모습이 탄로 날 때까지 긴장하면서 기다리는 것보다는 오히려 나쁜 행동으로 미리 드러내서 마음의 짐을 덜어야겠다고 생각할 수도 있다.

상담을 받는 아이에게 상담자는 "넌 참 착한 아이야", "넌 참 똑똑하구나", "그렇지 계속 이렇게 착하게 해야지"와 같은 말을 절대 하지 않는다.

왜냐하면 긍정적인 판단을 하는 칭찬에는 부정적인 의미가 동시에 함축되어 있기 때문에 불안과 긴장을 야기하고 의사소통을 방해함으로써 관계를 단절시키기도 하기 때문이다. 예를 들어, 영희가 돈을 잃어버렸는데, 철수가 돈을 찾아서 교사에게 주었다. 그래서 교사는 이렇게 칭찬해 주었다. "철수야 너는 정말 정직하고 착한 어린이구나." 그런데 철수는 얼굴을 붉히며 고개를 숙였다. 왜냐하면 철수는 이전에 남의 물건을 훔친 적도 있었기 때문에 선생님이 칭찬을 했을 때 불안해졌기 때문이다. '선생님이 그 사실을 알면 어떡하지?' 철수는 걱정이 되어서 선생님과 마주치는 것이 두려워졌고 점점 움츠러들었다. '나를 더 많이 알게 해서는 안 돼. 만약 선생님이 진짜 내 모습을 알게 되면, 날 더 이상 착한 아이라고 생각하지 않으실 거야. 오히려 나쁜 아이라고 생각하실 거야.'

만약 이 상황을 다시 되돌릴 수 있다면 교사가 철수에게 어떻게 칭찬해 주는 것이 좋을까? 교사가 철수에게 판단하는 칭찬이 아니라 인정하는 칭찬을 해 주었다면 오히려 철수도 기뻐했을 것이다. 이렇게 말이다. "돈을 찾아 줘서 고맙다, 철수야. 네 덕분에 영희가 걱정을 덜었구나."

칭찬은 마치 항생제 주사와 같기 때문에 함부로 사용해서는 안 된다(Ginott & Godard, 2003). 어떤 약이든 약을 처방할 때는 일정한 복용법과 주의가 필요한 법이다. 칭찬을 받으면 마치 주사약을 맞은 것처럼 기분이 좋아질 수도 있지만 그 효과는 일시적이고 의존하게 만든다. 마치 약을 무분별하게 사용하면 약물 의존성이 생기는 것과 마찬가지라고 할 수 있다. 다시 말해서 그것은 곧 그 아이가 다른 사람의 입을 통해 날마다 자신의 가치를 인정받아야만 하는 위치에 놓인 것이다. 좋은 의도로 해 준 칭찬이 이렇게 해로운 결과를 부르는 메커니즘은, 칭찬을 하면 칭찬을 해 준 그 사람이 아이를 인정하는 주체가 되기 때문이다.

눈앞에 누군가를 세워 놓고 "너는 훌륭하다, 의젓하다, 대견하다, 착하다, 겸손하다"고 하면 누구나 당황스러움을 느낄 것이다. 그리고 이내 "꼭 그렇지는 않다…"며 조금은 부정하려고 할 것이다. 여러 사람 앞에서 떳떳하게 벌떡 일어나 "고맙습니다. 당신이 나에게 훌륭하다고 한 말을 그대로 인정합니다"라고 말할 수 있는 사람은 아마도 없을 것이다. 자기 자신에게 솔직해질 때 그런 칭찬을 선뜻 받아들이기가 어렵기 때문이다. 그뿐만 아니라 칭찬을 한 사람에 대해서도 '정말 날 훌륭하다고 생각한다면 나를 제대로 알지 못하는 것이고, 결과적으로 저 사람은 똑똑한 사람은 아니야'라고 생각할 수도 있다.

사춘기 아이들을 칭찬해 주고 싶어서 "너 참 잘생겼구나"라고 했는데 당황해하며 도망가는 것을 경험한 경우도 있을 것이다. 아이가 사춘기라서 또는 성격이 까다로워서일까? 대부분의 사람들처럼 아이들도 자신의 인격이나 신체적, 정신적 특징에 대해 평가하는 칭찬을 별로 좋아하지 않기 때문이다. 아이들은 실제로 평가받는 것을 싫어한다.

이처럼 칭찬을 감정에 접종하는 주사라고 한다면, 성격

이나 인격에 주사하지 말고, 노력과 노력을 통해 성취한 것에 접종(칭찬)하는 것이 좋다(Ginott & Godard, 2003). 아이가 자기 방을 청소했을 때, 방이 아주 깨끗해졌다고 말하는 것은 자연스러운 칭찬이다. 하지만 매우 착하다고 말하는 것은 적절한 표현이 아니다. 아이를 진정으로 위하는 칭찬은, 어른의 의도대로 아이를 유도하기 위한 것이 아니라 아이가 성취한 일을 있는 그대로 반영하는 거울이 되어 주는 것이다. 인격을 직접적으로 칭찬하는 것은 마치 머리 위에서 곧바로 내리쬐는 직사광선과 같아서 눈이 부시고 불편하다.

칭찬은 두 가지 측면으로 이루어진다. 하나는 '우리가 상대방에게 말하는 것'이고 또 다른 하나는 '상대방이 그 말을 듣고 자기 자신에 대해 스스로 말하는 것'이다. 우리가 사건과 감정에 대해서 사실적이고 인정하는 태도로 어떤 의견을 내놓으면 상대방은 자기 자신에 대해서 긍정적이고 생산적인 결론을 내린다. 예를 들어, 철수가 선생님을 도와서 교실의 책을 정리했을 때, "참 잘했어, 넌 훌륭한 아이야"라고 칭찬하는 대신에, "이젠 책 정리가 다 되었네. 우리 반 아이들이 필요한 책을 찾기가 쉬워질 거야.

어려운 일이었는데 네가 해냈어. 고마워"라고 철수가 한 일을 설명해 줄 수 있다. 이렇게 선생님이 인정을 해 주었기 때문에 철수는 스스로 결론을 내릴 수 있다. '내가 한 일이 선생님을 흐뭇하게 했어. 내가 일을 잘했기 때문이야.' 이처럼 칭찬을 하려면 아이들이 노력했거나 도움을 주었거나 배려를 했거나 새로운 것을 해냈거나 성취한 일에 대해서, 어떤 점이 마음에 들고 어떤 점을 높이 평가하는지를 명확하게 표현하는 것이 좋다. 교사나 부모는 아이들이 칭찬을 듣고 난 후 자기 자신에 대해 긍정적인 그림을 그릴 수 있도록 해 주어야 한다. 칭찬을 통해 아이들이 자신의 성품에 대해 실제적인 결론을 이끌어 낼 수 있도록 도와야 한다. 예컨대 기쁨과 놀라움을 자세하게 묘사하고, 아이의 노력을 인정한다는 내용이 담긴 표현을 사용하고, 아이를 존중하고 이해한다는 사실을 전하는 말을 하는 것이 효과적이다.

"이제부터는 상대를 인정하고 칭찬하고 싶다면 5초의 시간을 더 써 주세요. '당신의 ~한 행동이 내게 도움이 되었다.', 또는 '당신이 마음 써서 ~해 준 덕분에 내가 참 고맙다' 등으로 구체적인 상황에 대해 감사함과 감탄을 표현해 주세요. 그렇다

면 칭찬을 하는 사람이나 받는 사람이나 한결 마음이 수월하고

편할 겁니다."

* 기본개념 참고문헌

Ginott, H., & Godard, H. W. (2003). *Between Parent and Child*. Crown Business.

있는 그대로 말하기

저는 제 나름대로 애들을 키우면서 최대한 긍정적인 말을 많이 해 주고 칭찬해 주려고 애썼어요. 가능하면 "잘한다, 잘한다", "아이고 착해라", "우리 아들 누굴 닮아서 이렇게 똑똑할까" 등 수시로 칭찬해 주면서 자존감을 높여 주려고 노력했어요.

우연히 채널을 돌리다 한 TV 프로그램을 보고 잠시 시청했다. 그 프로그램은 시청자가 자신들의 고민을 프로그램 담당자에게 보낸 후 선정이 되면, 고민 당사자들이 스튜디오에 직접 나와서 그 고민을 이야기하고, 그곳에 참석한 청중이 그 문제가 진짜 고민할 만한지를 투표하는 방식이었다. 그날의 주인공은 중2 아들의 엄마였는데, 중학생이 된 아들이 뭐든 열심히 하려고 하지 않고 외모만 꾸미고 특히 거짓말을 많이 한다는 것이 고민이었다. 엄마가 얘기하는 에피소드 중에, 그 아들이 학원을 다니고 싶다고 해서 등록

해 줬는데, 열심히 다니는 줄로만 알고 있던 어느 날 학원선생님의 전화를 받고 아들이 학원에 결석한 지 꽤 오래되었다는 것을 알게 되었다. 화가 난 엄마와 아빠는 아들이 집에 들어오자, 다 같이 작전을 짜고 모른 척하고 TV를 보고 있다가 "지금 어디서 오니?"라고 물었다. 아들이 "학원 갔다 와요"라고 답을 하자, "어디서 거짓말을 해, 방금 학원에서 전화 받았는데, 얘가 너는 어쩜 그렇게 거짓말을 밥 먹듯이 하니, 네가 이렇게 하는데 우리가 어떻게 너를 믿을 수 믿겠니?"라고 말하며 화가 나서 핸드폰을 부셔 버렸다고 했다.

부모는 아이들이 거짓말을 할 때 화를 낸다. 특히 속이 훤히 들여다보이거나 어처구니없는 거짓말을 할 때는 더욱 화를 낸다. 입가에 초콜릿이 잔뜩 묻어 있는데 안 먹었다고 잡아떼는 것을 보면 화가 치밀어 오른다. 그런데 정작 부모가 아이들이 자기 방어적으로 거짓말을 하게 만드는 질문이나 함정이 들어 있는 질문은 하지 말아야 한다고 하임 기너트Haim Ginott는 제안한다. 왜냐하면 이런 질문을 받으면 아이들은 어색하지만 거짓말을 하든지, 아니면 창피하지만 이실직고를 하든지 둘 중 하나를 선택할 수밖에 없기 때문이다. 이런 질문은 부모와 자녀 사이를 망가뜨린다.

예를 들어 보자. 철수는 이번 어린이날 아버지가 사 준 비싼 자전거를 망가뜨렸다. 철수는 놀라서 망가진 자전거를 몰래 숨겨 놓았다. 하지만 떨어진 자전거 조각을 발견한 아버지는 철수와 이야기하다 결국 폭발하고 말았다. 처음에 아버지는 모른 척하고 철수에게 "새 자전거 어디 있니?"라고 물었고 철수는 "저기 어디 있을 거예요"라고 대답했다. 그러자 아버지가 "타는 걸 못 봤는데, 가지고 와 봐, 한번 보게"라고 다시 물었고 철수는 "어디 있는지 모르겠어요. 옆집 애가 훔쳐 갔을지도 몰라요"라고 답했다. 아버지는 결국 "이 거짓말쟁이, 네가 망가뜨려 놓고서는 그렇게 말해? 아빠가 제일 싫어하는 게 뭔지 알아? 거짓말하는 거야!"라며 화를 폭발시키고 말았다.

사실 아버지는 이렇게 아들과 싸울 필요가 없었다. 은근슬쩍 캐물으면서 아들이 거짓말쟁이라고 윽박지르는 대신 다른 방법으로 문제를 해결할 수 있다. "새 자전거가 망가진 것 같더라. 네가 잘 타고 놀았는데 아깝게 됐어." 이렇게 말했더라면 아이는 값진 교훈을 얻었을 것이다. '아빠가 저렇게 나를 이해해 주니까, 앞으론 걱정거리가 있으면 말해도 될 거야. 아빠가 사 주신 선물은 좀 더 조심해서 놀고 좀 더 잘 간수해야지'라고 마음속으로 생각했을 것이다.

이미 알고 있으면서 모른척하고 질문을 던지는 것은 좋은 방법이 아니다. 앞서 엄마의 예처럼, 아들이 학원에 빠졌다는 소식을 듣고 나서 "어디 갔다 오니?"라고 유도심문을 하는 대신 "너 오늘 결석했다던데?"라고 말하는 것이 훨씬 나은 결과를 가져온다.

아이들이 거짓말을 했을 때, 어떻게 대처하는 것이 좋을까? 검사처럼 자백을 요구하거나 단순한 거짓말을 놓고 거창한 재판을 하지 말아야 한다고 기너트는 제안한다. 또 망설이지 말고 사실대로 말하는 것이 좋다. 가령 아이가 오늘까지 약속한 방 정리를 다 하지 않았다는 것을 알았을 때 이렇게 묻는 것은 좋지 않다. "너 방 정리 다 했니? 틀림없어? 그럼 네 책상 위에 널려 있는 건 뭐야?"라고 다그치기보다는 오히려 "너 엄마랑 약속한 시간이 지났는데 방이 그대로더라"라고 말하는 편이 더 낫다.

또한 성적 문제에서도 마찬가지이다. "너 이번 모의고사 성적 올랐니? 확실해? 거짓말해도 소용없어, 선생님하고 이야기했어. 네 성적 뻔히 다 알고 있어"라고 말하는 것보다는 차라리 이렇게 직접 말하는 것이 좋다. "담임선생님한테 이야기 들었어. 이번 네 모의고사 점수가 많이 떨어졌다고 하더라. 엄마가 어떻게 하면 너에게 도움이 되겠니?"

다시 말해서 부모는 아이들이 자신을 방어하기 위해 거짓말을 하도록 부추기지 않아야 하고 거짓말할 상황을 일부러 만들지 말아야 한다. 설령 거짓말을 한다고 해도 신경질을 부리거나 융통성 없이 굴어서도 안 된다. 앞서 TV에 나온 그 엄마는 화가 난 나머지 아들의 핸드폰을 망치로 깨 버리고, 벌을 주기 위해 억지로 아들의 앞머리를 잘라 버렸다고 했다. 그 후에 아들은 자신의 잘못을 뉘우쳤을까? 어쩌면 그 아들은 오랫동안 엄마와의 상호작용을 통해서 진실을 말하는 것보다 거짓말로 둘러대는 게 더 낫다는 것을 배웠는지도 모른다. 그런데 부모는 그런 아이들에게 거짓말한다고 화를 내는 것이다. 여기서 부모들이 해야 할 일은, 거짓말을 할 필요가 없다는 사실을 아이들이 깨우치도록 도와주는 것이다.

영희가 다섯 살 되던 해에 남동생 영수가 태어났다. 그동안 공주 대접을 받던 영희는 갑자기 태어난 남동생 때문에 찬밥 신세가 되었다. 할머니 할아버지도, 엄마 아빠도 모두 동생을 보살피느라 영희에게는 관심이 없는 것 같았다. 영희는 동생이 너무나 미웠다. 그래서 아무도 없을 때 동생을 꼬집고 팔을 비틀기도 했다. 어느 날 이 장면을 목격한 엄마는 깜짝 놀라서 영희를 밀치고 자지러지게 울고 있는 영수를 안아서 달랬다. 영희는 "영수 미워!"라고 말하며 울었다. 엄마는 영희를 타이르기 위해서 이렇게 말했다. "아냐, 동생을 미워하면 안 되지. 너는 누나고 영수는 네 동생이잖아. 넌 원래 동생 좋아하잖아! 영수는 아직 아기잖아, 그러니까 네가 영수를 잘 돌봐 줘야지." 그래도 영희가 계속해서 "싫어, 그래도 동생이 싫어"라고 하자 엄마는 "우리 영희 참 착하지, 영희는 엄마 착한 딸이잖아. 우리 착한 영희가 왜 그럴까." 하며 달랬다. 그러자 영희는 마음을 바꾸어서 "나 영수 좋아"라고 말했다. 그러자 엄마는 영희를 안아 주며 착한 아이라고 칭찬해 주었다.

이 대화(거래?)에서 영희는 무엇을 배웠을까? 영희는 '엄마에게 사실대로 이야기하고, 있는 그대로 감정을 드러내면 위험하다'는 것을 배웠을 것이다. 또 사실을 있는 그대로 이야기하면 벌을 받고 거짓말을 하면 사랑받는다는 것을 배웠을 것이다. '엄마는 거짓말하는 아이를 사랑한다, 느낌을 있는 그대로 말하지 말고 엄마가 듣고 싶어 하는 말만 해야지' 등이 영희가 배운 것이다.

칼 로저스Carl Rogers의 인간중심상담의 개념 중에 유기체

가치화 과정OVP, Organismic Valuing Process 이라는 개념이 있다. 유아의 경우 자신이 하는 각각의 경험을 자기 자신이 어떻게 느끼느냐에 따라 평가할 수 있다. 어린 아기에게도 자신이 하는 경험에 대해 유기체를 강화하는 경험이냐 그렇지 않은 경험이냐에 따라 각기 다르게 평가할 수 있는 능력이 있다는 것이다. 이 개념을 이론적 설명만으로는 이해하기가 쉽지 않을 것이다. 이해를 돕기 위해 예를 들어 보면 다음과 같다. 아기를 쓰다듬으며 젖을 먹이면 어떠한 반응을 보이는가? 아기는 만족감을 느끼고 미소를 지을 것이다. 반면에 축축하게 젖은 기저귀를 그대로 방치하면 아이들은 기분이 나쁘고 만족스럽지 못해서 울음을 터트릴 것이다. 이처럼 어떠한 경험이 유기체를 강화해 주면 만족해하고 그 경험이 유기체를 강화하지 않으면 기분이 나쁘고 만족하지 못하고 운다. 혹시 이런 엄마를 보았는가? "엄마가 너에게 젖을 주고 쓰다듬는 건 너에게 좋은 것이니까 이건 네가 좋아해야 해." 굳이 엄마가 아이를 쓰다듬으면서 이건 좋은 경험이니까 좋아해야 한다고 말하지 않아도 아이는 그것이 좋은 경험이라는 것을 스스로 평가할 수 있다.

이처럼 아이들의 행동이 유기체 가치화 과정에 지배받기 때문에 아이들은 특별한 혼란 없이 있는 그대로 경험을 지각할 수 있다. 즉, 선입견 없이 모든 경험을 흥미롭고 탐구할 만한 가치가 있다고 느끼는 것이다. 로저스에 따르면, 유기체 가치화 과정은 모든 사람이 태어났을 때 가지고 있는 내부의 안내서와 같기 때문에, 사람들이 이 같은 내부의 안내서를 믿을 때 성장하는 경험을 자유롭게 할 수 있다.

그런데 부모가 양육 과정에서 제시하는 가치조건은 아이들이 자신의 자아 개념과 내면의 경험 사이의 갈등을 느끼도록 만든다. 앞의 예에서 엄마가 영희에게 남동생을 미워해서는 안 된다고 말했을 때, 영희는 자기가 반드시 착한 아이이고 그래서 미움은 자기 것이 아니라고 부인해야만 엄마에게 사랑받는다고 느꼈을 것이다. 그렇기 때문에 영희는 미움이라는 감정을 부인하고 남동생을 해코지해서는 안 된다는 것만 배웠다. 아이들은 살아남기 위해서 자신의 내적 경험을 넘어서서 부모의 사랑과 관심, 인정을 받는 것을 선택한다. 이처럼 양육 과정에서 아이들이 내적 경험을 신뢰하기보다는 부모나 교사의 인정을 선택하는 것을 쉽게 볼 수 있다.

가치의 조건이 지배적이고 유기체 가치화 과정이 무력해질 때 자신의 감정이 자기 것이라고 할 수 없을 정도로 자기인식은 약화되고 타인의 피드백에 의존하게 된다. 사람들은 감정이 있는 그대로 수용되지 않을 때 공허함을 느낀다. 살아가기는 하지만 내가 사는 것 같지가 않은 것이다. 이런 상황이 반복될 때 현실적 자아와 이상적 자아의 분열이 일어날 수 있다.

그렇다면 영희 엄마는 어떻게 다르게 대처할 수 있을까? 어떻게 해야 유기체 가치화 과정을 훼손하지 않으면서 동생을 보호해야 하는 얼핏 상반되어 보이는 두 가지 과제를 동시에 해결할 수 있을까? 엄마는 영희의 '미운 감정'을 있는 그대로 인정해 주면서 동시에 훈육할 수 있다. "응, 그래, 동생이 밉구나. 네 입장에서는 그럴 수 있지. 동생을 미워하는 네 맘을 잘 알겠어. 하지만 동생을 때리는 건 절대 안 돼." 이런 식으로 하면 영희의 유기체 가치화 과정을 훼손하지 않으면서 적절한 행동을 양육할 수 있다.

"당신이 아이를 키우는 부모라면, 그 아이가 생긴 모습대로 자랄 수 있게 도와주세요. 타고난 기질을 펼칠 수 있도록 공간을 좀 만들어 주세요."

상담자가 건네는 말

* 기본개념 참고문헌

Ginott, H., & Godard, H. W. (2003). *Between Parent and Child*. Crown Business.

클라라 힐 저, 주은선 역(2012). 《상담의 기술(*Helping skills: Facilitating exploration, insight, and action*)》. 학지사.

네 마음을 아니?

내 인생은 되는 일이 하나도 없어요. 하긴 하루이틀도 아니고 한두 번도 아닌걸요. 우스갯소리로 하는 말처럼, 전생에 적군에게 몰래 성문을 열어 줬는지, 이번 생은 포기해야 하나 봐요. 뭐든 내가 하려고 하면 다 흙빛으로 변해요. 하긴 태어날 때부터 흙수저로 태어났고 아무리 발버둥 쳐도 제자리더라고요. 더 나빠지지 않으면 그나마 다행이죠. 내 친구는 금수저에다가 출발점부터 다르죠. 쟤는 좋겠다… 늘 그런 맘이 들어요. 부럽기도 하고 질투가 나기도 하고, 그것 땜에 더 힘들기도 해요….

저는 시험 불안이 있어요. 시험지만 보면 가슴이 뛰고 생각이 하나도 안 나요. 공부해도 아무 소용이 없어요….

저는 머리가 원래 안 좋아요. 그래서 뭘 해도 남들보다 떨어져요. 친구들 사이에서 IQ 이야기만 나오면 기가 죽어요….

이 책을 읽는 당신이 학생이라면, 이번 기말고사에서 당신의 성공과 실패를 예언해 줄 수 있다. 나는 예지력이 있는 것은 아니지만 다음의 질문에 당신이 답해 준다면 이번 기말고사의 성패를 점찍어 줄 수 있다. 또는 직장인도 마찬가지이다. 중간고사와 기말고사에 승진시험을 대입해 보라. 먼저, 당신이 지난 중간고사를 잘 봤다면, "무엇 때문에 잘 봤다고 생각하는가?" 만약 중간고사를 망쳤다면, "어째서 그랬다고 생각하고 있는가?" 답변은 다음의 글 속에 있으니 잘 찾아보기 바란다.

우리는 살아가면서 많은 일을 겪는다. 짜릿한 성공을 경험하기도 하고 때로는 쓴맛의 실패를 경험하기도 한다. 인생을 총체적으로 볼 때, 처음부터 어떤 사람은 성공만 경험하고 또 다른 사람은 실패만 경험하지는 않는다. 그러면 왜 어떤 사람은 계속 성공하고 또 다른 사람은 실패를 거듭하는 것일까?

사람들은 살아가면서 어떤 일을 겪을 때, 그 일이 일어난 원인을 알아내고자 하는 인지적 습성이 있다. 그것이 성공이든 실패든 무엇 때문에 그렇게 되었는지를 곰곰이 생각해 보고 자기 나름대로 결론을 내리려고 하는데 이러한 것을 귀인attribution이라고 한다. 귀인이론을 전개한 대표적인 교육 심리학자 중 한 사람인 버나드 와이너Bernard Weiner는 통

제 소재locus of control, 안정성stability, 통제 가능성controllability 등
세 가지 차원으로 귀인을 설명한다.

첫 번째, 통제 소재 차원은 어떤 일이 일어난 원인이 내
부의 특성 때문인가, 아니면 외적 원인인가를 기준으로 분
류하는 것이다. 성공이나 실패를 내적 요인의 탓으로 돌리
면 성공할 경우에 자부심을 느끼고 실패할 때는 수치감을
느낀다. 또한 성공이나 실패를 외적 요인의 탓으로 돌리면
성공은 감사의 결과를 수반하지만 실패는 분노의 결과를
수반한다.

두 번째, 안정성 차원은 원인에 대해 시간이나 상황이 바
뀌어도 쉽게 변하지 않는 안정적 요인인가, 혹은 수시로 변
할 수 있는 불안정한 요인인가로 분류하는 것이다. 이것은
주로 미래에 대한 기대와 밀접한 관계가 있다. 따라서 성공
이나 실패를 '능력' 때문이라고 보았다면 안정적 요인에 귀
인한 것이고, '노력' 때문이라고 보았다면 불안정한 요인에
귀인한 것이다. 성공이나 실패를 능력과 같은 안정적 요인
에 귀인하면, 미래의 비슷한 과제에 대해서도 동일한 기대
를 하게 된다. 즉, 성공했던 사람은 성공을, 실패했던 사람
은 실패를 기대하기가 쉽다. 반면 자신이 겪은 결과를 노력
과 같은 불안정적 요인에 귀인하면 미래에 비슷한 과제에

직면했을 때 변화된 결과를 기대할 수 있다.

세 번째, 통제 가능성은 원인이 자신의 의지에 따라 통제 가능한 요인인가, 혹은 불가능한 요인인가로 구분하는 것이다. 예를 들어, '노력'은 자신의 의지에 따라 조절할 수 있기 때문에 통제 가능한 요인이라고 볼 수 있지만, '능력'은 자신이 조절하기가 비교적 어렵기 때문에 통제 불가능한 요인으로 볼 수 있다. 이러한 통제 가능성 차원은 대체로 자신감과 미래에 대한 기대와 관계가 있다. 따라서 수학 시험에서 얻은 좋은 점수를 통제 가능한 요인인 노력으로 귀인하는 학생들은 점수에 자부심을 느끼고 미래에도 높은 점수를 받을 것이라고 기대하는 반면에, 높은 점수가 자신이 통제 불가능한 요인인 행운 때문이라고 귀인하는 학생은 단지 감사함만을 느끼며 앞으로도 그러한 행운이 계속되기를 바란다.

이처럼 와이너 귀인모델의 기본적인 입장에 따르면, 학생들은 과제의 성공과 실패를 세 가지 차원의 서로 다른 원인에 귀인하는데 그 귀인양식에 따라 각기 다른 정서적 반응이 수반되고 미래의 성공과 실패에 대한 기대를 갖게 되어 이후의 학습행동에 영향을 미친다는 것이다.

이처럼 사람들이 자신이 겪은 일의 원인을 찾고자 할 때 일정한 경향성을 보인다. 어떤 이는 성공이나 실패에 대해 자신의 능력(내적, 안정, 통제 불가능)을 탓하고 또 다른 이는 자신의 노력(내적, 불안정, 통제 가능)을 탓하기도 한다. 만약 중간고사를 잘 치른 학생이 그 이유를 자신이 열심히 공부했기 때문이라고 한다면 이 학생은 기말고사를 앞두고 열심히 노력할 것이고 기말고사 역시 성공할 가능성이 많다. 그러나 중간고사의 결과에 대해 자신이 머리가 좋아서, 또는 운이 좋아서(외적, 불안정, 통제 불가능) 시험을 잘 치렀다고 생각한다면 이 학생은 다음 시험을 위해 노력하지 않을 것이고 따라서 다음 시험을 망칠 가능성이 높다. 이 원리는 실패의 경우에도 마찬가지이다.

자신이 경험하는 일의 결과가 자신의 행동과 별개의 것이라고 생각하는 것은 매우 위험하다. 심리학자인 마틴 셀리그먼Martin Seligman은 실험실에서 전기가 흐르는 바닥이 깔린 상자에 몇 마리의 개를 가둬 놓았다. 이 개들은 몇 번이나 전기쇼크를 받았지만 어떻게 하더라도 그 쇼크를 피할 수가 없었다. 이 실험상자는 피할 곳이 없도록 설계되어 있었기 때문이다. 셀리그먼은 첫 번째 실험을 겪었던 개들과 또 다른 새로운 개들을 함께 상자에 가둬 놓았다. 이번에는 왕복이 가능한 상자shuttle box에서 실험이 진행되었다. 실험 상자의 한쪽에는 전기가 흐르는 바닥이 깔려 있지만, 다른 쪽의 바닥에는 전기가 흐르지 않았다. 따라서 전기쇼크가 오더라도 충분히 도망칠 수가 있었다. 그런데 첫 번째 실험에서 도망갈 곳이 없다는 것을 경험한 개들과, 두 번째 실험부터 참여한 개들은 전기쇼크에 대해 상당히 다르게 반응했다. 두 번째 개들은 전기쇼크가 가해지자 이리저리 뛰어다녀서 피할 곳을 찾아내어 쉽게 전기쇼크를 피했던 반면에 첫 번째 개들은 피하려는 시도조차 하지 않았다. 마치 자신에게 주어진 운명(전기쇼크)을 그대로 받아들이는 것처럼 보였다. 그저 그 자리에 웅크린 채 신음소리만 냈다. 이 개들은 무기력함을 배운 것이다. 셀리그먼은 이것을 학습된 무기력learned helplessness이라고 설명했고, 이는 마치 우울증 환자들이 자신의 삶에서 겪는 고통을 자신들이 제어할 수 없다고 생각하는 것과 같다고 설명했다. 이런 사람들은 자신이 무기력하다고 믿는 것처럼 보인다.

나는 삶에서 경험하는 성공이나 실패에 어떻게 대처하고 있는가? 아니, 대처 이전에 이런 문제를 어떻게 받아들이고 있는가? 인생에서 실패를 만났을 때 당신은 '나는 바보야, 나는 결코 잘할 수 없어'라고 말할 것인가 아니면 '어려울수록 더 노력할 필요가 있어'라고 자신에게 이야기할 것인가? 자신에게 닥친 일을 통제할 수 없는 외적 요인에서 원인을 찾거나, 변화시킬 수 없는 것들로 그 탓을 돌린다면 무기력함을 경험할 수밖에 없다. 지켜보는 사람에게 안타까움을 불러일으키는 셀리그먼 실험실의 무력한 개들처럼 말이다. 우리는 특히 성공보다는 실패를 자신이 통제할 수 없다고 귀인하는 성향이 있고 일단 이렇게 생각하기 시작하면 자신감은 저만치 멀리 사라져 버린다.

하지만 자신이 '스스로에게 하고 있는 말'을 바꾸는 것으로 우리는 실패를 벗어나 성공으로 나아갈 수 있다. 사실 따지고 보자면 다른 사람들이 우리에게 하는 말은 중요하지 않다. 가장 중요하고 강력한 말은 우리 자신이 스스로에게 반복적으로 해 주는 말이다. 우리는 적어도 스스로에게 어떤 말을 해 줄 것인지는 선택할 수 있다. 심는 대로 거둔다는 법칙은 심리적 메커니즘에도 그대로 적용된다. 좌절을 심으면 좌절이 나고 소망을 심으면 소망이 열매로 나온다. 우리의 미래는 얼마든지 과거와 달라질 수 있다.

그렇다면 지금 선택하자. 현재 겪고 있는 어려운 상황이

나 엉망인 일에 대해서, 무기력에 이를 수밖에 없는 것으로 그 탓을 돌릴 것인가, 아니면 다음 단계를 성공으로 이끄는 것에 귀인을 할 것인가? 성공적인 삶은 지능이나 금수저에서 나오는 것이 아니라 똑똑한 귀인 습관에서 나오는 것이다. 이 글을 읽은 당신은 이번 기말고사도 잘 보고 앞으로 당신이 경험할 모든 일에서 성공하길 바란다.

실패를 생각 말고 성공을 생각하라

죄를 짓지 않으려고 하지 말고 의를 생각하라

하지 말아야 할 것을 생각 말고 해야 할 것을 생각하라

안 되는 일을 생각 말고 되는 일을 생각하라

할 수 없는 이유를 생각 말고 할 수 있는 이유를 생각하라

부정적인 것을 생각 말고 긍정적인 것을 생각하라

심는 것을 바꾸면 된다!

－손기철 HTM 대표

"내가 이룬 것에는 나의 어떠한 노력이 들어 있는지, 그리고 실패했다면 노력의 방향성이나 정도가 어떻게 달랐어야 했는지를 돌아보세요. 이러한 습관은 당신을 '운이 안 좋은, 뭘 해도 안 될 놈'이 아니라 '뭘 해도 될 놈'으로 만들어 줄 겁니다."

자기와의 대화

약간의 징크스랄까… 왜 그런 거 있잖아요. 왠지 모를 불길한 예감. 그러면 꼭 그렇게 되더라고요. 이상하게 저는 어떤 시험이든 한 번에 된 적이 없어요. 남보다 두세 배는 더 어렵게 항상 그렇게 살게 되더라고요. 어떤 애들은 쉽게 잘도 하는 것 같던데 나는 왜 이 모양 이 꼴인지 모르겠어요.

당신은 어떤 사람과 가장 많은 대화를 나누며 살고 있는가? 배우자, 아니면 친한 친구? 당신이 가장 대화를 많이 나누고 있다고 생각하는 그 사람보다 더 많이 대화를 나누는 사람이 있다. 바로 당신 자신이다. 우리는 끊임없이 자기 자신과 대화를 하며 지낸다. 거의 쉼 없이….

자기대화는 다른 말로 자기독백, 자기언어화라고도 한다. 자기대화에는 긍정적 대화와 부정적 대화가 있다. 긍정적 대화는 결과적으로 힘이 나고 도움이 되는 말이어서 무언가를 하고자 하는 동기와 자신감이 생긴다. 운동선수들은 경기 전에 자신감과 집중력을 높이기 위해 긍정적 자기대화를 한다. 예를 들어, '난 괜찮아, 난 잘 해낼 수 있어, 힘을 내면 돼'라고 스스로 생각하고 혼잣말을 하는 것이다. 그 결과로 자신이 처한 상황에 잘 대처할 수 있고 실제로 일을 성공적으로 할 수 있다.

반면에 부정적 자기대화는 결과적으로 불안해지고 자신감과 자존감을 떨어뜨린다. 그 일을 해내지 못할 것만 같고 실패할 것 같은 마음이 생긴다. 예를 들어, '난 안 돼, 난 할 수 없어, 이전에도 실패했잖아, 내가 하는 일은 늘 잘 안 돼'라고 생각하고 되뇌는 것이다.

이러한 자기대화는 소리 없는 자신과의 대화이기도 하다. 뇌과학의 발견에 따르면, 뇌세포의 약 98%가 언어의 지배를 받는다. 어떤 말을 지속적으로 되뇌거나 암송하면 그 말이 우리 뇌에 입력된다. 또한 우리가 하는 말은 이끄는 힘이 있어서 어떤 말을 하면 뇌가 그 말을 받아들여 척추 신경세포에 전달하고 이로써 우리의 행동을 지배한다.

자기대화는 자기조절self-regulation을 하기 위한 하나의 방식이기도 하다. 도널드 마이헨바움Donald Meichenbaum은 자기교습훈련SIT. Self-Instructional Tranining 이라는 이론을 통해서 문제행동을 스스로 조절하는 능력을 증진시키기 위한 자기조절 도구로서 언어중재가 중요하다고 강조했다. 실제 생활에서 자신의 행동을 관찰한 후 부적응 행동이 자각되면 자신에게 새로운 문장으로 말하면서 자신을 관찰하고 평가해서 변화를 유도할 수 있다고 보았다. 예를 들어, 첫 번째 단계에서 "지금 어떤 일이 벌어지고 있는 거지?"라고 질문한 후, 두 번째 단계에서 "그럼, 내가 원하는 건 뭐지?"를 탐색한 다음, 세 번째 단계에서 "내가 지금 여기에서 할 수 있는 게 뭐가 있지? 작은 일부터 차근차근 시작해 보자" 하고 점검하며 실행하는 과정으로 유도할 수 있다.

다만 우리 안의 말을 바꾸기 위해서는 우리 안의 생각을 먼저 바꾸어야 한다. 우리가 하고 있는 생각에는 합리적인 생각과 비합리적 생각이 있다. 합리적 정서행동 치료rational emotive behavior therapy에서는 우리가 겪는 문제는 '비합리적 신념'에서 비롯된 것이라고 강조한다. 비합리적 신념은 자신과 타인 그리고 세상에 대한 비현실적인 기대와 요구로 구성되는데, 주로 '반드시 ~해야 한다(must, should)'라는 절대적이고 완벽주의적인 강요나 요구를 담고 있다. 이처럼 우리가 설정해 놓은 기준에 현실이 맞지 않으면 화가 나거나 우울해지는 것이다.

이러한 비합리적 신념을 구체적으로 살펴보면 다음과 같다.

첫 번째, 자신에 대한 완벽주의적 요구는 주로 '나는 모든 사람에게서 인정을 받아야 한다. 그렇지 않으면 나는 무능하고 무가치하고 고통받는 것이 마땅하다' 또는 '나는 어떤 상황에서든 모든 일을 탁월하게 수행해야 한다' 등의 내용을 담고 있다. 이러한 당위적 신념이 강할 경우 불안, 우울, 무가치함과 같은 감정을 자주 경험할 수 있다.

두 번째, 타인에 대한 비현실적 기대는 '모든 사람은 어떤 상황에서든 나에게 항상 친절하고 공정하게 대해 주어야 한다. 그렇지 않으면 그 사람들은 나쁜 사람들이며 벌을 받아 마땅하다'와 같은 것이다. 이러한 당위적 신념이 강할 경우 분노, 복수심과 같은 감정을 경험할 가능성이 높아진다.

세 번째, 세상에 대한 비현실적 기대는 '세상은 항상 공정하고 정의로워야 해. 세상은 반드시 내가 원하는 대로 돌아가야 하고 나의 노력에 보상을 주어야 해. 그렇지 않다면 세상은 살 가치가 없어'라고 생각하는 것이다. 이러한 비합리적 신념이 강할 경우 좌절, 우울, 자기연민, 분노 등의 부정적 감정을 경험할 수 있다.

좀 더 단순한 형태의 비합리적 신념도 있다.

항상(넌 언제나 그랬어, 넌 항상 네 생각만 했어), 모든 것(이제 다 끝나 버렸어, 앞으로는 아무도 만나지 않을 거야), 절대 다시는(다시는 널 안 볼 거야, 다시는 말하나 봐라), 몽땅(다 망가져 버렸어, 끝장났어, 다 없애 버릴 거야) 등등.

이렇게 글로 써 놓고 보니 이런 생각이 다소 억지처럼 여겨지지만, 가만히 자신을 들여다보면 곧 깨달을 것이다. 화가 나거나 우울해질 때 왜 그렇게 되었는지 추적해 들어가 보면 그 뿌리에는 비합리적 신념이 자리 잡고 있음을 발견할 수 있다. 또 어떤 이는 위의 내용이 다 옳고 마땅한데 그게 왜 비현실적 생각인지 이해가 되지 않는다고 항변할 수도 있다. 하지만 다시 가만히 생각해 보라. 왜 꼭 그래야만 하는가? 그 근거는 어디에 있는가? 왜 모든 사람이 나에게 친절해야 하는가? 세상은 왜 내가 원하는 방식으로 돌아가야 하는가? 우리가 비합리적 신념에 대한 점검 없이 당위적 요구를 많이 품고 살수록 필연적으로 우울과 좌절을 경험할 수밖에 없다. 우울은 감정의 문제가 아니라 생각의 문제이다.

그렇다면 이런 비합리적 생각은 어디에서 온 것일까? 게슈탈트 심리치료, 대상관계 이론, 분석심리학 등에서 사용하는 개념 중에 '내사introjection'라는 것이 있는데, 타인의 관점이나 가치관을 깊이 생각해 보지 않고 자신의 것으로 받아들이는 것을 말한다. 어떤 메시지가 외부에서 나에게 들어올 때 통째로 삼켜져 나의 것으로 동화되지 못하는 심리적 현상을 말한다. 우리가 마치 어떤 음식을 제대로 씹지 않고 삼킬 때, 그 음식이 내 안에 들어와 있기는 하지만 소화되지 못해서 내 몸의 구성성분이 되지 못하는 것과 유사하다. 대개는 부모로부터 들어 왔던 말들을 내 것으로 삼켜 버리는 것이다. 이러한 내사 현상은 두 가지로 구분해 볼 수 있는데, 첫째로 완벽주의적 내사는 있는 그대로의 나 자신이 아닌 다른 사람이 되도록 강요하는 것이다. 예를 들어, '나는 좀 더 나를 스스로 다그쳐야 해'라고 하는 것이다. 둘째로 자기폄하적 내사는 '난 사랑받을 가치가 없어'와 같은 말이다. 이런 것은 우리의 생각 깊숙한 곳에 자리 잡고 있는 빨간 단추여서, 유사한 맥락으로 연결된 단서는 살짝 건드려지기만 해도 빨간 불이 켜지고 마음이 상한다.

앨버트 엘리스Albert Ellis는 합리적 정서행동치료REBT, Rational Emotive Behavior Therapy에서 비합리적인 신념을 치료하기 위한 기법으로 A-B-C 모델을 제안했다. ABC 모델에서는 Aactivating event(선행사건)가 Cconsequence(정서와 행동)를 일으키는 것이 아니라 A에 대한 Bbelief(신념, 생각)가 일으키는 결과라고 본다. 일반적으로 우리는 자신의 삶에서 일어나는 사건 때문에 그런 감정을 느끼고 그렇게 행동할 수밖에 없다고 생각한다. 하지만 어떤 일이 발생했을 때 우리가 생각하는 방식과 비합리적인 내용 때문에 그런 감정과 행동을 불러일으키는 것이다. 결국 B(신념, 생각)가 극단적이고 비현실적이고 절대적이라면 그 결과인 C는 매우 부정적일 가능성이 크다. 하지만 상황을 바라보는 관점이 유연하고 합리적이라면 그 결과는 적응적이고 기능적일 가능성이 크다.

상담을 공부하면서 이 A-B-C 모델을 생활에 적용해서 많은 도움을 받았던 기억이 있다. 누군가 내 부탁을 거절해서 섭섭하고 화가 났다가도, '그래 이 사람이 내 부탁을 들어줄 의무는 없지'라고 생각을 바꾸면서 나의 감정을 조절할 수 있었고 부정적 감정에서 빠져나올 수 있었다. 그동안 모든 것의 출발이 '나는…', '내 생각에는…'이었다면 나에게 사로잡힌 생각과 감정에서 벗어나서 관점의 시작과 주어를 바꾸는 것이다. 가만 생각해 보면, 내가 원하는 대로 해 주지 않고 내 맘대로 움직여 주지 않아서 미워하게 된 그 사람 역시 한 사람의 자유인으로서 자기 마음대로 생각하고 행동할 자유가 있다.

바르벨 바르데츠키Barbel Wardetzki는 이처럼 관점이 바뀌면 상대방의 모습도 달라 보이기 시작한다고 제안한다. 지금까지 내 눈에 영락없이 타고난 나쁜 놈으로 비쳤던 그 사람, 무슨 수를 써서라도 피하고 싶었던 그 사람, 가혹한 징벌을 받아야 마땅한 죄인이라고 생각했던 그 사람이 지금까지와는 다르게 보이기 시작한다. 감정적으로 그렇게 격하게 반응했던 이유가 상대방이 나에게 했던 잘못 때문만이 아니라 나 자신의 예민한 기질과 나의 비합리적 생각이 한몫을 했다는 사실을 깨달으면서 해결책을 나에게서 찾아볼 여지가 생긴다. 그동안은 내 마음을 다친 것에만 골몰하던 데서 벗어나 문제를 어떻게 풀 것인가 하는 쪽으로 생각이 차츰 나아갈 수 있다.

비합리적 신념을 찾아내서 합리적 신념으로 바꾸면 '내가 바라보는 그 사람, 그 상황'이 아니라 '상대방이 바라보는 상황'으로 관점이 바뀌고, 그러면 자연히 상대방의 모습도 달라 보이기 시작한다. 상담에서는 비합리적 신념을 합리적 신념으로 변화시키기 위해서 상담자가 논박을 시도하는데, 이 글을 읽는 당신도 자신의 상황에 대입해서 스스로 자신의 비합리적 신념을 논박하는 실험을 해 보기 바란다. 논박하는 구체적인 방법은 다양한 관점에서 자신의 생각을 점검해 보는 것이다. 예를 들어, 다음과 같은 질문을 해 볼 수 있다.

- 나의 신념이 타당하다는 논리적 근거는 무엇인가?
  (논리적 논박logical disputes)
- 나의 신념이 타당하다는 현실적 근거는 무엇인가?
  (경험적 논박empirical disputes)
- 이것이 나에게 도움이 되나?, 내 기분을 좋게 만드는 데 도움이 되나?, 이 방식을 반복하는 것이 나에게 어떤 영향을 주나?(실용적 논박functional disputes)

- 이러한 생각이 나를 행복하게 만드나?, 이 일이 나의 삶에서 어떤 의미가 있나?, 이 일이 내가 원하는 대로 되지 않더라도 또 다른 측면에서는 만족을 느끼고 행복할 수 있지 않을까?(철학적 논박philosophical disputes)

이렇게 논박을 하고 나면 내가 나에게 해 주는 말을 용기를 내게 하는 '합리적 대처말rational coping statements'로 바꿀 수 있다. 예를 들어, 많은 사람들 앞에서 하는 발표를 앞두고 마음이 불안할 때 '나는 발표를 잘 해내기 위해 노력하겠지만 내가 기대하는 만큼 성공적으로 해내지 못한다고 해도 그게 곧 실패자라는 의미는 아니야. 잘하고 싶지만 그렇게 되지 않는다고 해도 괜찮아', '난 잘할 수 있어. 그저 최선을 다해 보는 거야' 등과 같이 스스로를 다독이는 자기대화를 반복하다 보면 합리적인 신념이 한층 강해질 수 있다.

이제 세상이 나를 배반하고 다른 사람이 나를 힘들게 할지라도, 그동안 나의 상처가 닦아 놓은 익숙한 생각의 습관을 따라 재빨리 도망가는 것이 아니라 두려움과 불안에 맞닥뜨려 악순환의 고리를 끊고, 분노의 상처에서 용서의 꽃을 피우며 살아갈 수 있다.

상담자가 건네는 말

"이 세상에서 가장 중요한 대화 상대가 있다면 그것은 바로 나 자신입니다."

* 기본개념 참고문헌

배르벨 바르데츠키 저, 장현숙 역(2002). 《따귀맞은 영혼(*Ohrfeige für die Seele*)》. 궁리.

권석만(2012). 《현대심리치료와 상담이론》. 학지사.

무엇을 바라보는가?

우리 애가 말을 좀 잘 들었으면 좋겠는데 도대체 왜 그렇게 내가 싫어하는 짓만 골라서 하는지 모르겠어요. 야단을 친다고 쳐도 그때뿐이고….

남편에게 한두 번 잔소리한 게 아니죠. 말해 봤자 소용없어요. 내 말은 귓등으로도 안 들어요. 나 약 오르라고 일부러 더 반대로 하는 것 같기도 하고… 맘에 드는 게 하나도 없어요.

바라는 것이 있을 때, 우리는 바라는 바를 얻기 위해 최선을 다하지만 오히려 반대의 결과를 얻을 때가 있다. 왜 그럴까?

상담실에 오면 내담자는 으레 자신들의 문제를 꺼내 놓는다. 상담을 하면서 깨달은 것 중 하나는, 내담자는 자신들의 강점이나 장점을 자발적으로 이야기하지 않는다는 것이다. 상담실에서는 당연히 문제가 되는 것만 이야기해야 한다는 압박이라도 받은 것처럼 말이다. 마치 꼭 그래야 하는 것처럼 처음부터 끝까지 문제만 이야기한다. 이처럼 우리는 문제에 더 이끌리고 집중하는 것처럼 보인다. 물론 우리에게는 문제를 보다 근본적으로 이해하고 싶은 욕구가 있고, 문제를 정확하게 아는 것이 도움이 될 때가 많다. 대부분의 심리치료 이론들도 문제의 근원을 밝히고자 시도한다. 그런데 상담이론 중에 해결중심 상담SFT, Solution Focused Therapy이 있다. 해결중심 상담이론은 '예외 상황'에 주목한다. 여기서 말하는 예외 상항이란, 비록 문제가 있는 사람이라고 할지라도 문제가 없는 상황이나 시간을 겪는다는 것이다. 예를 들어, 극심한 우울증에 시달리는 사람이 그 와중에도 조금이나마 우울 증상이 완화된 경험을 하는 시간이 있다는 것이다. 그래서 해결중심 상담은 문제의 진단과 제거에 초점을 맞추는 전통적인 상담 모델과는 다른 가정과 철학을 가지고 있다.

그러면 이해를 돕기 위해 해결중심 상담의 기본 가정을 살펴보자. 첫째, 긍정적인 측면에 초점을 둔다. 문제가 되는 상황에 초점을 맞추기보다 긍정적인 면에 초점을 맞추는 것이 훨씬 효과적이며 바람직한 방향으로 변화를 이끈다는 것이다. 둘째, 예외 상황은 실마리를 보여 준다. 모든 문제에는 문제시되지 않았거나 문제가 적었던 예외 상황이 있는데, 이 예외 상황을 발견해서 더 자주 일어나도록 격려하는 것은 자신의 문제를 스스로 조정할 자신감과 해결책을 갖도록 해 주기 때문이다. 셋째, 변하지 않고 그대로 머무는 것은 아무것도 없다. 변화는 항상 일어나고 있으므로 이 변화를 긍정적인 방향으로 설정하는 것이 필요하다. 넷째, 작은 변화는 일어나기 쉽고 큰 변화로 이어진다. 다섯째, 사람들은 자신의 문제를 해결하기 위하여 필요한 자원을 이미 가지고 있다.

이처럼 해결중심 상담은 병리적인 것 대신 건강한 것에 초점을 둔다. 잘못된 것에 관심을 두기보다는 성공한 것과 성공하기 위한 구체적인 방법을 발견하는 데 관심을 둔다. 문제를 해결하기 위해 심지어 내담자의 증상까지도 치료에 활용될 수 있다고 본다. 그리고 과거보다는 현재에 초점을 맞추고 미래 지향적이다. 과거와 문제에 대한 역사에 흥미와 관심을 두기보다는 현재의 상태와 미래의 해결 방안 구축에 더 많은 관심을 가진다. 그렇기 때문에 상담의 목표를 문제행동의 소거에 두기보다는 긍정적인 행동의 시작에 둔다. 문제시되는 것을 없애는 것에 관심을 두기보다는 바람직하거나 긍정적인 행동에 관심을 둔 목표가 더 성취하기 쉽다고 보는 것이다. 부정적인 무엇을 하지 않으려고 노력하는 대신 긍정적인 무엇을 하는 것이 훨씬 더 수월하다.

마치 우리가 부정적인 어떤 것을 하지 않으려고 자의적으로 애쓰고 노력해도 그것에서 벗어나기 힘들지만, 오히려 해결을 생각할 때 눈을 들어 주위를 바라보면 문제에서 자연스럽게 벗어나는 경험을 하는 것처럼 말이다.

해결중심 상담은 이러한 기본 원리를 바탕으로 만들어진 기발한 질문 기법으로 유명한데 그중에서도 나는 개인적으로 대처질문을 매우 좋아한다. 대처질문coping question은 자신의 미래를 매우 절망적으로 보고 아무런 희망이 없다고 말하는 내담자에게 주로 사용하는데, 절망적인 상황에 빠져 있는 내담자에게 희망을 심어 주기란 결코 쉬운 일이 아니기 때문이다.

- 어려운 상황 속에서 어떻게 지금까지 견딜 수 있었어요?
- 어떻게 해서 상황이 더 나빠지지 않을 수 있었지요?
- 그럼에도 불구하고 지금까지 견디게 한 것은 무엇입니까?

대처 방안에 대한 질문을 통해 상담자는 내담자의 신념 체계와 무력감에 대항하는 동시에 내담자에게 일종의 성공 경험을 갖도록 만들 수 있다. 이 질문을 통해 상담자가 의도하는 것은 내담자 자신이 대처할 수 있는 힘과 기술을 이미 가지고 있다는 사실을 깨닫도록 만드는 것이다.

얼마 전 만났던 지인이 자신의 조카가 서울에 있는 좋은 대학에 진학했지만 친구들의 따돌림 때문에 학교생활에 적응하지 못하고 심한 우울증까지 겪어 다시 지방으로 내려왔다는 이야기를 하면서 자신의 조카 때문에 너무나 걱정되고 안타깝다고 토로했다. 조카를 염려하는 그분의 이야기를 들으면서 "조카 스스로도 좌절에 빠져 있고 부모와 주변 사람이 모두 조카의 부적응과 문제만을 생각하는데, 선생님만이라도 오히려 조카가 다시 지방에 와서 적응도 잘하고 잘 지내는 것을 그려 보라"고 조언해 주었다. 그러자 그분은 자신이 늘 조카의 문제만 생각해 왔는데 그러고 보니 자신이 조카가 잘 지낼 것이라는 생각을 한번도 해 보지 않고 걱정만 했다는 것을 깨달았다며, 이제 조카의 변화된 모습을 그려 보겠노라고 답했다.

또 하나의 예로, 교실 장면을 떠올려 보자. 선생님은 수업을 하고 학생들은 얌전히 책상에 앉아 있다. 그런데 철수라는 녀석이 옆에 있는 짝꿍에게 장난을 치는 모습이 선생님의 레이더에 포착되었다. 선생님은 철수에게 "철수, 그러지 마"라고 가볍게 경고를 주었다. 철수가 잠시 말을 알아들은 것처럼 보였다. 그런데 얼마 지나지 않아 철수는 소음까지 내면서 주위 친구들을 괴롭혀서 수업을 진행하는 선생님을 거슬리게 만들었다. 다시 한번 선생님은 "철수, 얌전히 있어야지"라고 엄한 표정과 함께 강한 경고를 주었다. 철수는 멈칫하는 듯 보였지만 잠시 후에는 온 교실을 헤집고 다니면서 수업을 방해했다. 선생님은 도무지 통제 불능인 철수 때문에 수업에 집중할 수가 없었다. 그 수업은 철수 이름을 부르며 철수를 제지하느라 시간을 다 보내 버린 것 같았다.

지금 살펴본 장면은 교실에서 흔히 일어나는 일이다. 말썽꾸러기가 하나 있으면 그 녀석을 통제하느라 선생님이 애를 쓰게 마련이다. 하지만 도무지 그 녀석을 당할 재간이 없다. 도대체 어떻게 해야 교실의 평화를 되찾을 수 있을까? 철수의 잘못된 행동을 바로잡기 위해 최선을 다해서 노력했지만 선생님이 무력감을 경험할 수밖에 없는 이유는 무엇일까?

이 문제를 이해하기 위해서, 교실에서 선생님과 철수 사이에 일어난 일을 행동주의 심리학의 관점에서 살펴보도록 하자. 행동주의에서는 인간의 행동을 자극과 반응의 연결고리로 설명한다. 예를 들면, 행동behavior 뒤에 어떠한 후속결과consequence가 이어지느냐에 따라 그 행동을 지속할지 말지를 결정하게 된다는 것이다. 유명한 행동주의 심리학자인 스키너B. F. Skinner는 실험상자 안에 배고픈 쥐를 넣고 쥐의 행동을 관찰했다. 쥐는 지렛대를 누르면 먹이가 나오도록 고안된 실험상자skinner box 안에서 이리저리 움직이다가 우연히 지렛대를 누르고 먹이를 먹는 경험을 한다. 처음에는 지렛대를 누르면 먹이가 나온다는 것을 알지 못하지만, 몇 차례 이런 상황이 반복되면 쥐는 배가 고플 때 먹이를 얻기 위해 다른 불필요한 행동은 하지 않고 계속해서 지렛대를 누르는 행동만 한다. 스키너의 실험에서 쥐의 행동은 행동 뒤에 따라오는 결과가 어떤 것이냐에 따라 증가하거나 감소한다. 스키너에 따르면 우리가 어떤 행동을 했을 때 긍정적인 결과(강화)가 뒤따르면 그 행동은 증가하고, 부정적인 결과(처벌)가 주어지면 그 행동은 감소한다. 이러한 원리를 조작적 조건형성operational conditioning이라고 한다. 조작적 조건형성이론에서는 새로운 행동을 학습하는 과정에서 강화와 처벌의 역할이 매우 중요하다.

　그렇다면 이제 앞의 예로 돌아가서 해당 장면을 다시 보도록 하자. 교실에서 선생님은 철수의 이름을 크게 부르며 경고하는 것이 철수에게 처벌로 작용해서 바람직하지 않은 행동을 그만두게 만들 것이라고 생각했다. 그렇지만 결과는 선생님의 예상과 전혀 다르게 나타났다. 그러면 동일한 상황을 철수의 입장에서 다시 보도록 하자. 철수의 부모님은 맞벌이를 하느라 늘 바쁘다. 성적도 그리 좋은 편이 아니어서 집이나 학교에서 한번도 관심과 주목을 받아 보지 못했다. 그런데 우연히 수업시간에 옆 짝꿍에게 말을 걸었는데 선생님이 이름을 불러 주는 게 아닌가? 선생님이 내 이름을 불러 주다니! 철수는 이번에 옆 짝꿍뿐만 아니라 앞뒤에 있는 친구들을 괴롭혀 보기로 한다. 그러자 선생님이 내 이름을 더 크게 부르고 나를 정면으로 바라보는 게 아닌가! 이제 철수는 아예 이리저리 교실을 돌아다녀 보기로 한다. 그러자 수업시간 내내 선생님을 나에게만 집중하도록 만들 수 있었다. 철수는 그동안 받아 보지 못한 관심과 주목을 마음껏 받았다.

　철수의 떠드는 행동을 제지하기 위한 선생님의 이런 행

동은 오히려 철수의 바람직하지 않은 행동을 유지시키는 역효과를 가져왔다. 원하는 바를 얻기 위해서 했던 행동이 정반대의 결과를 낳은 것이다. 이처럼 우리는 원하는 바를 얻기 위해 바람직하지 않은 것을 제거하려고 시도하는 경우가 종종 있다. 그렇다면 앞의 예에서 선생님은 어떻게 해야 할까? 선생님이 원하는 것은 철수가 얌전히 앉아 있는 것이다. 그렇다면 선생님은 철수의 바람직하지 않은 떠드는 행동을 찾아서 주목할 것이 아니라 철수가 얌전히 앉아 집중하는 모습을 찾아내야 한다. 제아무리 장난꾸러기 녀석이라고 할지라도 한 시간 내내 떠들고 있지는 않는다. 어느 순간 얌전하게 앉아 있는 행동을 보일 때가 있다. 그때를 포착해서 선생님은 칭찬을 통해 바람직한 행동을 강화해 주어야 한다. 그래서 철수의 떠드는 행동은 일관되게 무시하고 바람직한 행동을 일관되게 강화할 때 철수의 문제 행동은 저절로 소거된다. 궁극적으로는 그 바람직한 행동이 강화되어 점점 비중이 커지도록 만든다. 즉, 바람직하지 않은 행동을 없애기 위해 바람직하지 않은 행동에 주목하기보다는 바람직한 행동을 강화함으로써 그 행동이 더 많이 확대되도록 하는 것이 중요하다.

이 방법은 매우 효과적이고 좋은 방법이다. 다만 이 방법을 활용하기 위해서는 선생님이 철수를 유심히 관찰해야 하고 긍정적인 시각으로 바라봐 주어야 한다. 바람직한 모습은 쉽게 발견되지 않기 때문에 선생님은 철수에게 관심과 에너지를 쏟아야 한다. 교사나 부모들이 야단을 치거나 벌을 주는 것은 그 방법이 최선의 방법이어서라기보다는 훨씬 쉽고 편리하기 때문이다. 드러나는 문제행동을 지적하는 것은 별로 어렵지 않지만 보이지 않는 바람직한 행동을 기대하고 기다리다가 그 행동이 나타나는 순간을 포착해서 적절하게 칭찬해 주는 것은 그리 간단하지 않다. 그러기 위해서는 상당한 인내와 관심이 필요하기 때문이다. 이처럼 해결책을 발견하기 위해서는 바람직한 모습이 나올 것이라는 기대, 즉 사랑의 눈으로 바라보아야 한다. 누군가가 변화되는 것은 바랄 수 없는 상황에서 바랐기 때문이다.

이것은 빛과 어두움의 원리이다. 어두움을 없애기 위해 어두움의 원인을 분석하려고 한다면 어두움 속으로 점점 더 깊이 들어가야 한다. 그것은 어두움에 계속 머물러 있는 결과를 낳는다. 어두움을 없애려면 어떻게 해야 할까? 일상의 예를 생각해 보자. 우리가 어두운 방에 들어갔을 때 가장 먼저 하는 행동은 무엇인가? 그렇다. 스위치를 켜서 불을 밝히는 것이다. 어두움을 없애는 가장 좋은 방법은 바로 빛을 비추는 것이다. 빛을 비추면 어두움은 저절로 사라진다.

우리 삶에서 없애고 싶은 어두움이 있는가? 나 자신이든 상대방의 문제이든 그 문제에 집중하는 것은 도움이 되지 않는다. 우리의 시선이 주목하는 방향으로 우리는 이끌리게 되어 있다. 따라서 우리 모두는 자신이 주목하는 것이 무엇인지를 살펴야 한다. 그동안 문제와 어두움을 주목해 왔다면 이제 해결과 빛을 주목하는 선택을 해야 한다. 단순히 시선의 방향을 바꾸는 것만으로도 결과가 달라지는 것을 목격할 수 있다.

내가 엉망일 때도 나를 먼저 사랑해 주고 나의 약점까지도 보듬어 주는 경험이 필요하다. 심지어 나조차도 나를 사랑할 수 없고 나 스스로는 변화를 꿈도 꿀 수 없을 때, 따스한 시선으로 바라봐 주고 변화된 모습을 그려 봐 주는 경험이 필요하다. 나는 무엇을 보고 있는가? 나는 지금 어디에 주목하고 있는가? 나 자신과 내 이웃을 향해서 재 대신 화관을, 슬픔 대신 기쁨을, 근심 대신 노래를, 문제 대신 해결을, 어두움 대신 빛을 비추는 행동이 필요하다. 내가 나에게, 우리가 서로에게 말이다.

"그래도 그럼에도 불구하고 빛을 바라봅시다. 그래도 그럼에도 불구하고 눈을 들어 하늘을 봅시다."

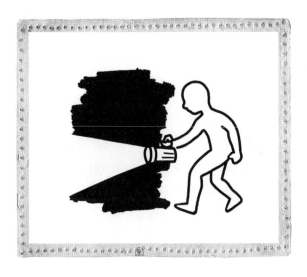

* 기본개념 참고문헌
  정문자 외(2007). 《가족치료의 이해》. 학지사.

현대 뇌과학이 전해주는 관계의 열쇠

살아가면서 딱히 좋은 것도 없고 딱히 기쁜 일도 없어요. 그저 하루하루 주어진 일을 하며 살아가는 거죠 뭐. 어차피 다들 그렇게 살지 않나요? 사람은 어차피 혼자 그렇게 살다 죽는 거잖아요. 지금까지도 살아오면서 힘들 때 혼자서 견딜 수밖에 없었는데요, 뭘… 앞으로 시간이 지난다고 뭐가 달라지겠어요? 다들 혼자 헤쳐 나갈 수밖에 없는 거죠.

신체 부위 중 꼭 한 군데만 바꿀 수 있다면 당신은 어느 부위를 바꾸고 싶은가? 나에게 묻는다면, 나는 단연코 '뇌'라고 답할 것이다. 왜냐하면 모든 것이 우리의 뇌에서 시작되기 때문이다. 그렇다면 뇌가 잘 기능하려면 뭐가 필요할까? 다시 말해서 뇌가 발달하기 위해 필요한 양분인 뇌의 먹이는 무엇일까? 뇌는 무엇을 먹고 자랄까? 그 해답은 '포도당'이다. 우리는 흔히 "당 떨어져서 머리가 안 돌아간다"고 말하곤 하는데, 사실은 과학적인 답변이다.

뇌의 신경세포 수는 수천억 개, 시냅스 회로 수는 1,000조 개에서 1경 개에 달해 뇌에는 많은 에너지가 필요하다. 포도당은 뇌의 유일한 에너지원으로 하루 섭취 총량 200g 가운데 65% 이상인 130g을 소비한다. 우리가 두려워하는 알츠하이머병, 치매도 뇌가 포도당을 사용해서 에너지를 생산하는 능력을 잃으면 걸리는 질병이다. 그래서 뇌과학자들은 뇌를 '포도당 먹는 하마'라고 부르기도 한다.

  포도당은 물질적 요소인데, 이것을 보이지 않는 심리적 요소에 대응해 바꾸어 보면 무엇이 될까? 그것은 바로 'Joy(기쁨)'가 된다. 상담 심리학적 관점에서 볼 때 '뇌는 기쁨을 먹고 자란다'.

  그렇다면 Joy가 뇌의 먹이가 되는 메커니즘을 살펴보도록 하자. 짐 와일더E. James Wilder(2015)는 Joy가 뇌의 먹이가 되는 메커니즘을 Grace, Joy, Peace의 세 단계로 제안한다. Grace는 뇌의 리듬을 통해 우리를 변화시킨다. Grace(은혜)는 우리가 Joy를 학습할 수 있도록 도와주고 또한 우리가 Peace(평강) 안에 머물 수 있도록 도와줌으로써 우리의 뇌를 변화시킨다. Joy와 Peace는 다른 어떤 것도 해낼 수 없는 가장 강력한 영향을 우리에게 미친다. 이제 짐 와일더와 에드워드 쿠리Edward, M. Khouri 박사의 설명을 구체적으로 살펴보도록 하자.

우선 Grace는 우리말로 '은혜'라고 번역할 수 있다. 그렇다면 은혜의 뜻은 무엇인가? 은혜는 대가 없이 받는 호의이다. 내가 어떤 것을 얻기 위해 애쓰지 않았는데 나에게 주어지는 것이다. 그것을 받기 위해 내가 직접 대가를 치르지 않았는데도 그저 받는 것이다. 우리가 흔히 은혜라고 할 때 떠오르는 사람은 누구인가? 이러한 은혜는 주로 부모가 아기를 조건 없이 사랑하는 것과 비슷하다. 부모는 태어난 아기가 무언가를 애쓰고 노력했기 때문이 아니라 존재 자체로 아기를 사랑하고 특별하게 여긴다.

부모가 자녀에게 주는 은혜는 '나는 특별히 사랑받는 존재야'라는 메시지를 준다. 우리 뇌의 가장 깊은 곳, 무의식의 영역에 해당되는 곳에서는 '누가 나를 사랑하고 있는가? 내가 누구를 사랑하고 있는가?'에 대해 항상 질문하고 그 답을 찾는다. 이것은 모든 인간이 태어나면서부터 죽을 때까지 갖는 가장 본질적인 질문이기도 하다. 조건 없는 사랑으로 주어지는 은혜는 이 질문에 'Yes'라는 답을 준다.

이처럼 내가 특별히 사랑받는다는 것을 알면 우리는 어떤 경험을 할까? 조건 없는 사랑은 기쁨을 만들어 낸다. 사실 은혜와 기쁨은 히브리어의 동일한 어근에서 나왔다고 한다. 은혜는 '내가 특별히 사랑받는 자'라는 것을 의미하고, 기쁨은 이처럼 내가 특별히 사랑받는 존재라는 것을 알게 되었을 때 반응으로 나타나는 결과를 의미한다.

그렇다면 내가 특별히 사랑받고 있다는 것을 어떻게 감지할 수 있을까? 우리는 누군가를 특별히 사랑할 때, 그 사람과 함께함을 즐거워하고, 상대방을 향해 진심 어린 미소를 지음으로써 그것을 표현한다. 이러한 은혜는 부모와 자녀의 애착attachment 관계로 연결지어 볼 수 있는데, 아기가 태어나면 엄마는 아기를 향해 미소 짓는다. 아기가 9개월 즈음이 되면, 시신경의 발달로 얼굴 표정을 인식할 수 있다. 이때 아이들은 거의 본능적으로 자신을 향해 웃어 주는 얼굴을 찾는 레이더를 작동시키는 것처럼 보이기도 한다.

누군가 나를 향해 미소를 지어 줄 때, 우리 뇌에서는 도파민dopamine이라는 신경전달물질이 알아차리기 힘들 정도로 빠른 시간 내(1/6초)에 분비된다. 이러한 도파민의 분비는 뇌에서 순식간에 자동적으로 일어나는 과정이기 때문에 마치 상대방이 나를 그렇게 만든 것처럼 여겨지기도 한다. 그래서 나를 향해 미소 지음으로써 내가 특별히 사랑받는 사람으로 여겨지게 하는 사람, 나와 함께함을 기뻐해 주는 사람을 만나면 그 사람이 나를 기분 좋게 만들어 준다고 생각한다.

따라서 이 시기에 아기들의 뇌가 정상적으로 발달하기 위해서는 적어도 하루에 8시간가량을 누군가가 웃어 주어야 한다고 쿠리 박사는 제안한다. 이것이 엄마의 가장 중요한 역할이 된다. 하루 8시간은 근로자의 하루 노동시간과 맞먹는다. 따라서 엄마는 아이를 향해 웃어 주는 것을 일삼아 해야 한다. 그러니 이 시기에 해당하는 아기를 키우고 있는 남편들은 명심하기 바란다. 집이 정돈되어 있지 않고 밥을 제때 먹지 못하더라도 기꺼이 이해해야 한다. 엄마가 하루 종일 아이의 뇌를 만들기 위해 아주 중요한 일을 하느라 미처 집안일을 제대로 할 겨를이 없었다는 사실을 알아야 한다. 만약 이 시기에 집을 깨끗이 정돈하고 밥을 제때 먹기 위해 아기를 향해 웃어 주는 일을 충분히 하지 못했다면 분명히 나중에 후회할 것이다. 그 아이가 사춘기가 될 때쯤 말이다.

상담자가 건네는 말

왜냐하면 이러한 도파민의 생성 경로는 영아기 때 만들어지는데, 제대로 된 도파민 생성 경로가 만들어지지 않으면 뇌에 기쁨(도파민)을 분출하도록 만들어 주는 다른 것들에 애착을 형성한다. 도파민이 중추신경계에서 뉴런의 신경전달물질로 작용될 때, 행동을 실행하도록 만드는 동기로 작동하고 이후에 다시 동일한 행동을 실행할 확률을 높인다. 따라서 도파민은 사람들의 행위와 습관, 즉 학습에 관여하는 신경전달물질이라고 할 수 있다. 이것이 바로 마약 중독, 알코올 중독, 게임 중독의 메커니즘이다. 애착은 상당히 배타적이기 때문에 일단 애착이 형성되면 그것을 위해 자신을 불구덩이로 던지기도 한다. 따라서 관계경험을 통해 도파민이 분출되도록 길을 잘 닦아야 한다.

이처럼 여기서 중요한 것은 기쁨은 언제나 관계를 전제로 한다는 점이다. 기쁨은 모든 일이 다 잘되어 간다는 것을 의미하지 않는다. 물론 올림픽에서 한국 팀이 금메달을 따거나 아파트 시세가 오르면 매우 기쁘겠지만 그것은 뇌 발달에 필요한 진정한 기쁨에 해당되지는 않는다. 왜냐하면 진정한 기쁨은 언제나 관계 속에서 주어지는 것이기 때문이다. 기쁨은 누군가 나와 함께함을 기뻐한다는 것을 경험할 때, 관계 안에서 발견하고 경험하는 것이기 때문이다. 기쁨은 서로 얼굴과 얼굴을 마주 대하며 관계를 맺을 때 개인적으로 경험되는 것이다. 이것은 단지 말이 아니라 얼굴 표정과 몸짓 등 온몸으로 전달되는 것이다. 카카오 스토리나 인스타그램에 사람들이 '좋아요'를 눌러 줄 때 느끼는 기쁨은 뇌가 필요로 하는 진정한 기쁨이 될 수 없다.

진정한 기쁨은 오직 은혜를 통해서만 주어진다. 은혜는 내가 특별하게 사랑받는 존재라는 것을 의미하고, 그것이 표정과 눈을 통해 드러나는 것을 관계 안에서 직접 경험할 때, 우리 뇌 속에서 실제적인 화학 반응을 일으키게 만드는 것이다. 이것은 보이지 않는 사랑이 우리 뇌를 통해 삶을 실질적으로 변화시키는 메커니즘이기도 하다.

다음은 기쁨과 평강의 연결 관계이다. 누군가 나와 함께 하는 것을 즐거워하는 기쁨을 충분히 경험하고 나면 평안함이 찾아온다. 우리 뇌는 기쁨을 충분히 누리면 다시금 잠잠한 상태를 찾는다. 즉, 뇌에서 도파민이 충분히 분비되면, 다음으로 세로토닌serotonin이 분비된다. 도파민과 세로토닌, 즉 기쁨과 평강은 은혜를 기반으로 리듬을 타듯 서로 바통을 주고받는다.

기쁨(도파민)이 고수준high level의 에너지라면 평강(세로토닌)은 파워풀한 저수준law level의 에너지이다. 세로토닌이 작용하면 부교감신경의 활성화로 심박수, 혈압, 호흡이 안정되고 의욕과 편안함을 느낀다. 이를 통해 폭력, 추동, 중독 등의 극단적 행동을 조절하고 수면의 질을 높일 수 있다. 세로토닌의 부족은 강박, 공황장애, 공격성, 우울증, 섭식장애 등을 유발할 수 있다.

기쁨이 에너지가 고조된 상태라면 평강은 잠잠한 상태로, 안전하게 잘 보호받고 있음을 알고 안심하는 것이다. 여기서 말하는 평강은 그저 조용한 상태를 말하는 것이 아니라 나의 감정과 신체가 과도하게 흥분되는 것을 가라앉히는 것을 말한다. 현대인은 이 잠잠함을 찾기 위해 명상하는 방법이나 호흡하는 방법을 훈련하기도 한다. 하지만 단순히 조용함을 추구하기 위해 문 닫고 홀로 방에 들어가 있으라는 것은 아니다. 단순히 물리적 소음이 없는 상태와 평강의 상태는 엄연히 다르다. 기쁨과 마찬가지로 진정한 잠잠함은 관계적 경험이기 때문이다. 잠잠함을 배우기 위해서도 역시 관계가 필요하다. 내가 혼자가 아니라는 사실을 알 때 비로소 내 앞에 어려움이 있어도 잠잠할 수 있다.

최근의 뇌과학이 발견해 낸 성과는 은혜(또는 애착)를 기초로 한 기쁨(도파민)과 평강(세로토닌)이 우리 뇌에 얼마나 큰 영향을 미치는가이다. 은혜와 기쁨과 평강이 어떻게 중독을 끊어 낼 수 있는가에 대해서도 밝혀 내고 있다. 도대체 어떻게 이것이 가능할까?

우리 뇌는 좌반구와 우반구로 나뉘어져 있다. 우리는 그동안 좌뇌의 기능에 집중해 왔다. 즉, 뇌의 학업중심 능력인 IQ가 성공적인 삶을 사는 데 중요하다고 생각해 왔다. 하지만 최근에는 정서지능인 EQ가 중요한 영역으로 부각되고 있다. 사실 우리 삶을 좌우하는 감정과 관계를 제어하는 통제센터는 좌뇌가 아니라 우뇌에 있다. 궁극적으로 내가 누구인지에 대한 답변도 우뇌에 있다.

우뇌의 통제센터에서 정보가 접수될 때 총 네 단계로 정보처리가 진행되는데, 가장 먼저 처리하는 일은 "누가 나를 사랑하고 있고 또 내가 사랑하는 사람이 있는가? 나와 함께함을 기뻐하는 사람이 있는가?"를 질문하는 일이다. 첫 번째 단계의 정보처리 과정이 이후 뇌의 나머지 모든 단계의 정보처리 과정을 좌우하는 기초로 작용한다. 즉, 사랑의 관계나 애착의 관계는 뇌가 성장하고 발달하는 과정에서 매우 중요한 역할을 한다. 이러한 이유로 우뇌를 관계의 뇌라고 한다. 관계로 인해 나의 뇌가 기쁨으로 넘칠수록 1단계의 기초가 한층 강력하게 구축된다. 두 번째 단계에서는 "나는 안전한가?"에 대한 질문에 답하고, 세 번째 단계에서는 "나를 이해하는 사람이 있는가?" 그리고 네 번째 단계에서는 "나는 누구인가?"에 대한 정체성을 형성한다.

이처럼 우리의 삶을 통틀어 주관하는 것은 바로 우뇌의 통제센터라고 할 수 있다. 우뇌의 통제센터가 관계를 기초로 형성되고 기능하는 것처럼, 삶에서 일어나는 문제들의 해답은 결국 관계에 있다. 우리가 제대로 기능하고 제대로 된 정체성을 형성하기 위해서는 은혜의 관계를 경험하는 일이 가장 중요하다. 우리가 자녀들에게 줄 수 있는, 주어야 하는 가장 중요한 것도 바로 이 은혜의 관계이며, 우리가 함께 살아가는 사람들에게 줄 수 있는, 주어야 하는 모든 것도 바로 이 은혜의 관계가 아닐까 한다.

우리가 함께 살아가는 사람들에게 줄 수 있는 가장 큰 선물은 '함께함을 즐거워하는 것'이다. 그리고 함께함을 즐거워하기 위한 작은 팁을 제공하자면, 서로를 바라볼 때 '왼쪽 눈'으로 보는 것이다. 이것은 우뇌 통제센터의 관계회로를 켤 수 있는 간단한 방법 가운데 하나이다.

"상대방과 대화할 때는 그 사람의 왼쪽 눈을 바라보며 미소 지어 주세요. 도파민이 뿜어져 나와서 상대방을 기분 좋게 하고 관계를 회복시켜 줄 것입니다. 마음이 진정되지 않을 때는 심호흡을 하세요. 들이쉬는 숨보다 내쉬는 숨을 더 길게 하세요. 세로토닌이 나와서 마음을 잠잠하게 해 줄 것입니다."

* 기본개념 참고문헌
  Wilder, E. J., Khouri, E. M. Jr., Coursey, C. M., & Sutton, S. D. (2013). *Joy Starts Here*. Shepherd's House.

상담자가 건네는 말